PUBLICATIONS DE L'ASSOCIATION
...VORISER LE PLACEMENT GRATUIT DE FRANÇAIS A L'ÉTRANGER
ET AUX COLONIES
13, BOULEVARD ARAGO. — PARIS XIII

ÉTUDE

SUR LE

PLACEMENT GRATUIT DE FRANÇAIS

à l'ÉTRANGER et aux COLONIES

PAR

Ch. POUJOL

Instituteur à Paris
Secrétaire général, Fondateur de l'Association de Placement Gratuit
de Français à l'Étranger et aux Colonies.

PRIX : 1 Fr.

CET OUVRAGE EST VENDU AU PROFIT DE L'ASSOCIATION
DE PLACEMENT GRATUIT

PARIS & CAHORS

IMPRIMERIE TYPOGRAPHIQUE A. COUESLANT

—

1905

ÉTUDE

SUR LE

PLACEMENT GRATUIT DE FRANÇAIS

à l'ÉTRANGER et aux COLONIES

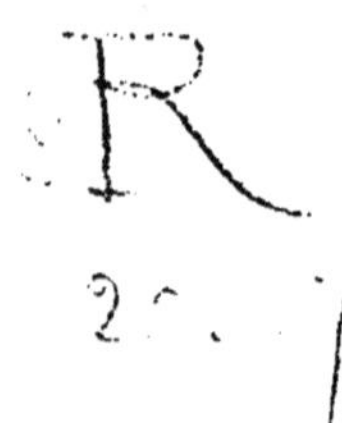

ÉTUDE

SUR LE

PLACEMENT GRATUIT DE FRANÇAIS

à l'ÉTRANGER et aux COLONIES

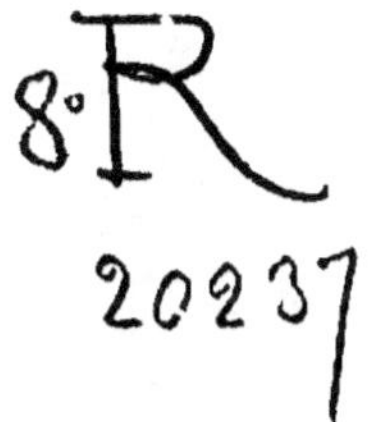

PUBLICATIONS DE L'ASSOCIATION
POUR FAVORISER LE PLACEMENT GRATUIT DE FRANÇAIS A L'ÉTRANGER
ET AUX COLONIES
13, BOULEVARD ARAGO. — PARIS XIIIe

ÉTUDE

SUR LE

PLACEMENT GRATUIT DE FRANÇAIS

à l'ÉTRANGER et aux COLONIES

PAR

Ch. POUJOL

Instituteur à Paris
Secrétaire général, Fondateur de l'Association de Placement Gratuit
de Français à l'Étranger et aux Colonies.

PRIX : 1 Fr.

CET OUVRAGE EST VENDU AU PROFIT DE L'ASSOCIATION
DE PLACEMENT GRATUIT

PARIS & CAHORS
IMPRIMERIE TYPOGRAPHIQUE A. COUESLANT

—

1905

**A mes collègues et amis du
Comité d'Action,**

**Aux Membres de l'Association
de Placement Gratuit,**

*Je dédie ces quelques pages que je dois en grande
partie à leur précieuse collaboration.*

Paris, juin 1905.

Ch. POUJOL.

RAPPORT

Présenté au Congrès du Commerce tenu à Paris les 21, 22, 23, 24 Juin 1905

INTRODUCTION

La situation commerciale de la France au dehors, que le Congrès actuel se propose d'étudier et d'améliorer est le résultat de causes nombreuses et diverses.

Rechercher l'origine de ces causes et déterminer leur nature afin de découvrir et d'appliquer le remède convenable, telle doit être l'œuvre du Congrès.

Cette œuvre est nécessaire et urgente. Elle aura pour effet :

1º De donner une force de cohésion plus grande, par suite une portée plus étendue, aux remarques faites par tous ceux que préoccupe l'avenir économique du pays ;

2º De révéler les uns aux autres les efforts individuels issus de ces remarques et peut-être de préparer pour une action commune et efficace, la fédération des sociétés de propagande française à l'Etranger et aux Colonies.

C'est pour apporter notre modeste contribution à cette œuvre d'une importance nationale que nous avons adhéré au Congrès.

A cette raison d'ordre général, s'en ajoute une autre d'un caractère plus particulier et relative au Placement.

Elle fait l'objet du rapport qui va suivre et dont les lignes ci-dessous indiquent l'esprit et le plan.

Parmi les tentatives nombreuses susceptibles de faire progresser notre commerce extérieur celle du Placement gratuit aux Colonies et à l'étranger de jeunes français, dignes, laborieux, instruits, est une des plus intéressantes.

En premier lieu, elle peut rendre de grands services aux personnes qui obtiennent des emplois au-dehors et dont le séjour, au-delà des frontières natales, facilite l'étude des langues vivantes, perfectionne les connaissances techniques, et complète la culture générale.

Elle peut, en outre, contribuer à l'extension du commerce extérieur et au développement de la production française en organisant dans les pays étrangers une véritable armée de jeunes compatriotes chargés de la représenter, de la renseigner et de la défendre.

Elle peut enfin accroitre l'influence intellectuelle et morale de notre pays en répandant partout la langue, les idées et les sentiments français.

Toutefois l'œuvre du Placement ne donnera ces résultats qu'à certaines conditions dont les 3 suivantes sont indispensables :

1° Compétence et moralité des personnes placées :

2° Solidarité étroite entre les français vivant à l'étranger ;

3° Rapports suivis entre nos compatriotes de la métropole et ceux du dehors.

Ces conditions ne sont pas remplies actuellement. Sauf quelques exceptions honorables, la qualité des Français établis à l'étranger est souvent mauvaise ; les groupements constitués sont insignifiants comme nombre et à peu près nuls comme influence ; enfin les relations existantes entre les Français de France et les Français de l'étranger sont beaucoup trop rares pour être fructueuses.

Le résultat de cet état de choses nous est doublement préjudiciable car il affecte en même temps notre amour-propre et nos intérêts matériels. Nous sommes mal connus et sévèrement jugés ; le discrédit dont nous souffrons au point de vue moral trouve sa répercussion dans les questions de négoce ; il complique et ralentit le mouvement des affaires.

Il est temps d'organiser en France un système rationnel de placement capable d'enrayer le mal, ou tout au moins de le combattre avec efficacité. Cette nécessité est d'autant plus pressante, que nos voisins de l'est, plus avancés que nous dans cette œuvre, en ont retiré des avantages considérables qu'ils ne songent même pas à dissimuler et qui ne font que croitre chaque année. Quant à nos amis d'Outre-Manche, menacés à la fois par la concurrence Américaine et surtout par la concurrence Allemande, ils poussent le cri d'alarme, et préconisent l'émigration d'éléments de premier choix sur lesquels ils fondent les plus belles espérances.

L'importance du Placement n'a pas échappé dans notre pays aux esprits clairvoyants ; nombre de sociétés s'en occupent mais d'une façon accessoire et qui ne donne malheureusement que peu ou point de résultats.

Œuvre coûteuse compliquée, ingrate, elle n'a tenté par elle-même que peu de groupements ; et les Sociétés de Placement proprement dites sont extrêmement rares.

Pourtant depuis 1901 existe dans notre pays l'Association pour favoriser le Placement gratuit de Français à l'Étranger et aux Colonies ». Comme son titre l'indique, sans équivoque possible, elle a attaqué la difficulté de front, bien disposée à vaincre obstacles et déceptions, consciente à la fois des efforts à faire et des responsabilités à endosser.

Voici son but général et ses moyens d'action :

1º Elle prépare à la vie de l'étranger et des colonies par des cours, conférences, brochures, musées scolaires coloniaux, et voyages hors de France.

2º Elle fournit gratuitement tous renseignements désirables sur les ressources des divers pays et sur les conditions spéciales du travail et de l'existence dans les diverses régions du globe.

3º Gratuitement aussi elle place dans les emplois qui lui sont offerts les plus dignes et les plus capables de ses postulants.

4º Enfin elle protège ceux qu'elle envoie à l'étranger et aux Colonies.

Voici maintenant les résultats particuliers qu'elle a obtenus. Elle a examiné jusqu'au 20 juin 1905 :

1436 demandes d'emploi, et 353 offres d'emploi ;

398 satisfactions ont été accordées à ses postulants.

Ces résultats sont satisfaisants si l'on tient compte, d'une part, des difficultés inhérentes à cette tâche ; et, d'autre part, des ressources plus que modestes dont dispose l'Association.

Ils sont néanmoins absolument insuffisants pour conjurer le péril ; ce ne sont pas des centaines, mais des milliers de jeunes Français qu'il faudrait placer à l'étranger et aux Colonies.

Ce résultat ne peut être obtenu que par une Association puissante et riche, représentée partout et fortement centralisée. Une telle Association existe en Allemagne, il faut la créer en France.

Mais créer de toute pièces un organisme aussi puissant et aussi compliqué, même quand on peut tirer parti des expériences déjà faites en France et à l'Étranger, est une œuvre longue et difficile qui ne saurait répondre aux nécessités d'une action immédiate.

Ce qu'il est possible, désirable et peut-être nécessaire de réaliser promptement, c'est l'entente et le groupement en vue d'une action commune et prochaine de toutes les activités et organisations qui ont poursuivi, isolément jusqu'à ce jour, leur œuvre d'action française à l'Étranger et aux Colonies.

C'est pourquoi l'Association pour favoriser le Placement gratuit de Français à l'Étranger et aux Colonies émet le vœu : *« Qu'il soit organisé dans notre pays une Fédération nationale des œuvres d'action française au dehors. »*

CH. POUJOL.

Messieurs,

C'est avec une satisfaction bien vive que nous avons appris l'organisation du Congrès du Commerce français et que nous avons adhéré à cette œuvre vraiment nationale.

C'est avec une confusion très grande que je viens aujourd'hui m'acquitter de la mission dont m'a chargé l'Association de Placement gratuit.

Nullement préparé par mes études antérieures à faire entendre ma voix dans une Assemblée aussi autorisée que la vôtre, je n'ai cédé qu'avec hésitation et non sans crainte aux instances de mes collègues. Vous ne m'en voudrez pas de n'avoir introduit dans mon rapport ni connaissances techniques que je n'ai jamais acquises, ni conclusions générales que seules une vaste intelligence ou une longue expérience peuvent dicter. Mon rapport ne renferme que les notions élémentaires que j'ai pu glaner au cours de trop rapides voyages dans les diverses parties du monde. S'il contient, en outre, des indications précises et pratiques sur la question spéciale du Placement qui en fait l'objet, c'est à mes savants collègues du Bureau que j'en suis redevable. C'est donc à eux que revient tout le mérite de ce travail et c'est vers eux que doivent aller vos remerciements.

*
* *

Les progrès du commerce d'un pays, comme l'état de stagnation de ses affaires, sont le résultat d'un grand nombre de causes de différentes natures. Ce n'est pas par les mêmes raisons qu'il faudrait expliquer la marche ascendante de l'Allemagne et celle des États-Unis ; ce n'est pas aux mêmes causes qu'il convient d'imputer la situation moins brillante de l'Angleterre et celle de la France. Chaque pays, tout en restant redevable à l'époque de l'histoire où on le considère, d'un certain nombre d'influences très caractéristiques, porte en lui, dans ses institutions particulières, dans les tendances spéciales de ses habitants, dans l'état d'esprit qui leur est propre, dans les habitudes qui leur sont familières la cause essentielle de ses progrès ou l'origine certaine de ses revers. C'est pourquoi il n'est pas toujours rationnel de chercher la source d'un mal et la nature d'un remède dans la comparaison d'un pays avec un autre. En tous cas, il est logique, me semble-t-il, de diriger d'abord son attention sur son propre pays.

Mon opinion est que les principales causes de la situation économique dans laquelle se trouve actuellement la France, résident dans la défectuosité de notre propre organisme ; et j'estime, que c'est là aussi, que nous pourrons découvrir le remède. C'est dans notre pays même, dans la richesse de son sol et la douceur de son climat, c'est dans les habitudes sédentaires de nos compatriotes, c'est dans le caractère général de notre enseignement, c'est dans la valeur de nos représentants au dehors, c'est dans le fonctionnement des divers rouages officiels ou d'initiative privée qui intéressent la production française et le commerce extérieur qu'il est nécessaire, sinon de limiter nos investigations, tout au moins de diriger nos recherches.

Seul, un Congrès était capable de mener à bien une œuvre aussi vaste. Nous sommes heureux de constater que c'est dans cet esprit que le Congrès actuel a réparti ses travaux, se proposant d'étudier au point de vue purement national les intéressantes questions des tarifs douaniers, des traités de commerce, de l'enseignement technique, de l'institution des conseillers du commerce extérieur, du recrutement des consuls, de la législation commerciale, etc., etc.

Des discussions nombreuses que fera naître l'étude particulière de ces divers sujets sortira une foule de résolutions et de vœux qui seront comme les formules des différents remèdes applicables au mal commun.

C'est dans ce même esprit et en vue des mêmes fins que nous commençons l'étude de la question du Placement français à l'Étranger et aux colonies, heureux d'apporter notre modeste tribut à l'œuvre de rénovation et de progrès entreprise par le Congrès de 1905.

Pour des raisons diverses la question du Placement, en général, a été mise plusieurs fois à l'ordre du jour pendant ces dernières années. Elle s'est même posée, à un certain moment avec une acuité telle que des bagarres très graves se produisirent dans plusieurs régions de la France, que des échauffourées sanglantes eurent lieu à Paris et que des grèves extrémement préjudiciables aux intérêts de maintes corporations en furent les conséquences regrettables. Les premiers résultats de cette agitation aussi violente que soudaine furent : d'une part, un essai de réglementation officielle du Placement par agences et bureaux payants ; en second lieu, l'organisation, dans les syndicats et autres associations corporatives, du Placement gratuit ; enfin l'intérêt d'actualité donne à « l'Office national ouvrier de statistique et de placement », la première tentative de centralisation des offres et demandes d'emploi faites en vue du Placement gratuit des ouvriers français à l'intérieur du pays.

Quant au placement à l'étranger et aux colonies, ce ne fut que d'une façon toute superficielle, et par pure association d'idées qu'on en parla à cette occasion ; d'ailleurs peu de personnes furent à même d'en découvrir l'importance dans les quelques lignes qu'on voulut bien lui consacrer. Il devait attendre, comme le Placement intérieur, l'événement retentissant ou le fait scandaleux qui permissent au publiciste d'entreprendre, à la faveur de l'actualité, cette tentative de vulgarisation. L'un et l'autre faillirent se produire : une première fois, des plaintes graves et fondées s'élevèrent contre les entrepreneurs d'émigration ; plus tard, l'opinion publique s'émut en faveur des victimes qu'une propagande trop ingénieuse avait attirées dans le centre canadien où elles s'étaient ruinées ; enfin, à maintes reprises, des faits plus graves encore et relevant d'une police toute spéciale soulevèrent une indignation générale et révélèrent la nécessité d'une surveillance très sévère de certains agents de placement. Mais comme il n'y eut en cette circonstance nulle agitation persistante capable de retenir l'attention du public, l'émotion fut vite calmée et d'autres sujets vinrent occuper les esprits. La question du Placement à l'Etranger et aux Colonies n'avait pas avancé d'un pas.

Elle reste encore entière à l'heure actuelle et elle est certainement l'une des plus intéressantes mises à l'ordre du jour du Congrès.

Le Placement à l'Etranger et aux Colonies est, en effet, d'une importance indéniable ;

1° Considéré au point de vue particulier des personnes placées, il procure parfois de brillantes situations ; mais plus souvent, il rend apte à les occuper dans l'avenir, car il est un excellent moyen d'éducation.

2° Au point de vue économique il peut contribuer d'une façon effective et avantageuse au développement de la production française et au progrès de notre commerce extérieur.

3° Au point de vue général, il est susceptible de conserver et d'accroître l'influence intellectuelle et morale de la France au dehors.

*
* *

Le temps n'est plus où des oncles légendaires vivant en quelque lointain pays amassaient sans coup férir des trésors fabuleux qu'ils laissaient un beau jour à leurs neveux casaniers. Certes, ces aventuriers enrichis n'ont pas épuisé l'or de la Californie ou du Sud Australien ; ils n'ont pas davantage tari les gisements diamantifères du Cap ; même, depuis ces temps héroïques, le Klondyke a révélé ses richesses et pourtant « les oncles d'Amérique » deviennent de plus en rares, et leurs randonnées de moins en moins fructueuses. C'est que les compagnies minières ont surgi qui, avec leurs capitaux et leurs méthodes scientifiques de prospection ont à peu près annulé les chances des chercheurs solitaires. La race de ces derniers n'est pas éteinte cependant ; et j'ai vu, de mes propres yeux, l'année dernière, dans le voisinage des chutes du Niagara, de patients chercheurs en quête des paillettes précieuses. Ce qui n'est pas éteint surtout dans nos campagnes, c'est le souvenir de l'héritage colossal qui vint enrichir, au fond de quelque province française, les parents d'un émigrant devenu millionnaire. Ceux-là le savent bien qui, dernièrement faisant de la propagande dans une certaine région de la France, laissaient entrevoir, à de crédules paysans, qu'au Canada où on les invitait à se rendre, ils pourraient, une fois leur journée finie, gagner une moyenne de « 15 à 20 francs de supplément quotidien en *s'amusant* à chercher des paillettes d'or dans le premier cours d'eau venu ».

Il semble puéril de mettre nos compatriotes en garde contre de telles insinuations et pourtant nombre de braves gens s'y laissent prendre chaque année, ne se doutant pas que plus le mirage qu'on leur montre est beau, plus il est trompeur, et plus les déceptions qu'il réserve sont amères.

Celui qui va à l'étranger aujourd'hui, en quelque lieu qu'il se rende, doit compter beaucoup plus sur lui-même que sur le hasard : c'est dans l'esprit d'initiative, dans la vigueur physique, dans l'énergie morale que résident les éléments de succès ; s'il les possède, il porte en lui plus de paillettes d'or qu'il n'en trouverait au fond des rivières canadiennes ; c'est donc à la mise en valeur de ses propres ressources qu'il doit s'occuper à l'étranger. Comment ? Il est bien difficile de répondre à cette question par une formule unique applicable indistinctement à n'importe quel homme et à n'importe quel pays. En pareille occurence, c'est l'esprit de discernement et le tact qui doivent lui tracer sa ligne de conduite ; elle ne saurait d'ailleurs, en aucun cas, s'éloigner des deux grands principes : travail et honnêteté.

Les exemples ne sont pas rares de jeunes Français instruits et laborieux qui, abandonnant la situation médiocre qu'ils avaient dans notre pays, ont trouvé, à l'étranger, l'occasion de mettre à profit leurs connaissances et ont acquis, à la fois, fortune et considération ; c'est un jeune médecin sans avenir ici qui devient directeur d'un institut médical en Chine ; c'est un étudiant en lettres qui commence par être précepteur dans une famille de Russie et qui arrive professeur à l'Université de Kiew ; c'est un ancien élève d'une école d'agriculture qui placé à la tête d'une vaste exploitation au Pérou fait gagner une fortune colossale à son propriétaire et s'enrichit lui-même rapidement.

Inutile de citer d'autres exemples pour montrer qu'il est souvent possible dans les pays étrangers de tirer un meilleur parti de ses connaissances que dans le nôtre. Sans doute, toutes les positions qu'on peut se créer au dehors ne conduisent pas nécessairement à la fortune mais la perspective de vivre dans l'aisance et de s'assurer une réserve d'avenir est assez belle pour sourire à nombre de jeunes Français sans emploi et pour les tenter.

Si vous pouvez avoir des doutes à cet égard, renseignez-vous auprès des centaines de bacheliers ou de licenciés qui se pressent à la porte des mairies, des préfectures et des ministères dans l'espoir souvent déçu d'y trouver un modeste gagne-pain. Demandez à ces médecins sans clients, à ces avocats sans cause, à ces ingénieurs sans usines, à ces pseudo publicistes, à ces docteurs en droit, clers d'avoués ou secrétaires de députés, à ces professeurs faméliques qui acceptent des cachets à soixante centimes l'heure et à vingt autres catégories de jeunes Français ayant passé leur jeunesse à étudier, possédant tout ou partie du baccalauréat ou de quelque autre diplôme universitaire, demandez-leur s'ils accepteraient à l'étranger une situation qui leur ferait l'existence assurée ? Leur réponse n'est pas douteuse.

A défaut d'autres preuves, nous justifierions cette affirmation par les centaines de demandes d'emploi que nous recevons et dans lesquelles leurs auteurs se déclarent « prêts à partir n'importe où pour faire n'importe quoi » indication qui n'est certes pas de nature à faciliter leur placement mais qui dénote leur état d'esprit et qui surtout trahit leur existence précaire.

Il est donc bien certain que nombre de jeunes gens cultivés dignes et actifs qui sont sans emploi dans notre pays ou qui se livrent — à titre provisoire, peut-être, mais souvent pendant de longues années — à des occupations sans rapport avec leurs capacités et leurs légitimes aspirations, accepteraient avec empressement et reconnaissance des situations moyennes à l'étranger.

Or, ces situations le « Placement » peut les leur offrir, car elles existent. Par exemple, des jeunes filles diplômées peuvent trouver en Allemagne, Angleterre, Autriche ou Russie dans les pensions ou familles des emplois d'institutrices ou demoiselles de compagnie rétribuées au taux de 50 à 80 fr. par mois ; en Amérique il n'est pas rare de trouver des places qui valent 100 fr. plus la nourriture et le logement. Dans telle ou telle ville d'Australie, il ne serait pas impossible d'arriver à se créer une position de 6 à 8.000 fr. par an. Les jeunes filles sténographes ou sténo-dactylographes, peuvent également trouver des emplois avantageux et être payées à raison de 200 fr. par mois en Angleterre, 400 fr. aux États-Unis, 5 et 600 francs au Chili. En Angleterre et en Amérique des couturières très habiles pourraient bon an, mal an, atteindre des moyennes équivalentes ; peut-être les Américains donneraient-ils des salaires non moins élevés à des domestiques et à des femmes de chambre s'ils réussissaient à les conserver quand, par hasard, ils les ont découvertes.

Pour les hommes, des situations relativement avantageuses peuvent aussi se trouver ; monteurs mecaniciens, ouvriers d'art travailleraient en Amérique d'une façon intermittente peut-être, mais à des taux inconnus dans notre pays ; sans quitter l'Europe des employés de commerce et d'industrie très capables et bien au courant des langues étrangères gagneraient dans les maisons de banque ou d'exportation, comme caissiers, comptables, traducteurs etc. des appointements mensuels de 180 à 200 marks en Allemagne, de 300 fr. et plus en Angleterre. Au-delà de l'Atlantique ces chiffres s'élèveraient à 4 ou 500 fr. aux États-Unis et peut-être jusqu'à 700 fr. au Mexique. On réclamait l'année dernière des jardiniers horticulteurs en Algérie ; il y a deux mois à peine, on demandait des médecins pour l'Afrique Occidentale. Sans doute dans l'enseignement les postes de professeurs sont beaucoup plus rares que ceux d'institutrices où le chiffre de l'offre dépasse souvent celui de la demande ; il en existe pourtant dans les « Colleges » d'Angleterre, dans les « instituts » Allemands, dans les « universités » Russes, dans les écoles françaises d'Orient et d'Extrême Orient ; des ingénieurs agricoles et des ingénieurs des arts et manufactures pourraient se créer une position convenable dans l'Amérique du Sud, au Brésil, dans la République Argentine, au Chili, au Pérou, etc.

Il ressort de cette brève énumération que le placement à l'étranger et aux colonies peut rendre de grands services au point de vue individuel puisqu'il est susceptible de procurer à plusieurs catégories de compatriotes des emplois assez rémunérateurs et conformes à leurs aptitudes. Il revêt dans ce cas, surtout s'il est gratuit, le magnifique caractère d'œuvre de solidarité sociale et d'assistance par le travail.

*
* *

Le « Placement » joue, en outre, un rôle éducatif de première importance, car il facilite l'étude des langues étrangères, perfectionne les connaissances techniques et complète la culture générale.

Un long plaidoyer en faveur des langues étrangères est superflu à notre époque: tout le monde admet aujourd'hui l'opinion de Charles-Quint, qui pensait que la connaissance d'une langue étrangère double la valeur d'un individu. Commerçants, industriels, universitaires, sont également partisans de leur vulgarisation. Des efforts très grands ont été faits dans ce sens : après les lycées et les collèges, les écoles primaires supérieures et même les cours complémentaires de nos écoles de garçons et de filles ont été pourvus d'un ou plusieurs cours de langues vivantes. Des progrès énormes ont été réalisés dans les méthodes d'enseignement qui ont perdu peu à peu de leur ancien caractère scholastique et sont devenues plus vivantes, plus intéressantes et plus fécondes en résultats durables.

Sans doute le nombre est petit de ceux qui, au sortir de l'école ou du lycée peuvent se vanter de parler couramment l'anglais ou l'allemand ; mais nombreux par contre sont les jeunes gens dont les connaissances sont suffisamment avancées pour leur permettre de se tirer d'affaire assez facilement, une fois la frontière franchie. Plus de 50 % des demandes d'emploi que nous avons enregistrées mentionnent la possession d'une langue étrangère; 5 à 6 % la connaissance de deux. Le résultat est encourageant et vaut qu'on le signale.

Ce n'est pas à dire qu'il n'y ait rien à souhaiter de ce côté-là et qu'il ne soit pas utile de perfectionner encore les procédés d'enseignement. Il est certain que malgré l'emploi chaque jour plus répandu de la méthode directe, ce qui manque à nos jeunes gens, c'est la pratique de la conversation, c'est le maniement de la langue parlée; en un mot, l'habitude de combiner, de synthétiser les connaissances précédemment acquises. Jusqu'à maintenant on a reconnu qu'un séjour à

2

l'étranger, ne fut-il que de quelques mois, était indispensable pour compléter et couronner en quelque sorte les études faites sur les bancs de l'école. Lui seul, en effet, peut permettre à l'étudiant d'acquérir ce qui lui fait défaut, à savoir : l'intonation, la prononciation, l'accoutumance de l'oreille à la variété des sons étrangers et à leur succession rapide dans les expressions et tournures du langage usuel, la perception claire et la reconnaissance immédiate des mêmes articulations proférées par des personnes différentes, l'expérience quotidienne de sa propre habileté, etc., etc.

Ce séjour est profitable à un autre point de vue. Le jeune homme en rapporte la notion exacte de ce qu'il sait, la certitude (qu'on n'a jamais eue sur les bancs de l'école) qu'il est vraiment utile de connaître une langue étrangère, la volonté ferme de l'apprendre plus complètement qu'il ne l'a fait jusqu'alors ; enfin le secret désir de retourner dans le pays étranger pour constater le résultat de ses efforts et éprouver la satisfaction légitime de ses progrès.

C'est pour permettre aux jeunes gens de profiter des avantages d'un séjour à l'étranger que l'Etat, les communes, les Sociétés d'éducation populaire et de généreuses personnalités rivalisent de largesses en créant des bourses de voyage ou de séjour à l'étranger ; nulle institution n'est plus digne d'être encouragée. C'est une récompense de la plus haute valeur qu'on accorde ainsi à la jeunesse laborieuse. Ancien boursier en Angleterre du Ministère de l'Instruction Publique, je ne saurais négliger cette occasion d'affirmer que c'est durant mon premier séjour à Londres, que j'ai pu me rendre compte de la difficulté qu'un Français sans guide et sans appui devait rencontrer dans la recherche d'une position à l'étranger. C'est à la suite de cette constatation que, rentré en France, j'ai songé, avec l'aide de quelques personnes dévouées, à organiser l'Association de Placement gratuit, qui a pour but précisément d'aplanir les premiers obstacles à nos compatriotes désireux de s'établir à l'étranger ou aux colonies.

Tous les heureux effets que nous venons d'attribuer aux séjours à l'étranger, le Placement est susceptible de les produire. En effet, l'emploi que l'on procure au jeune homme ou à la jeune fille, peut être considéré comme une véritable bourse dont ils deviennent bénéficiaires, qui est le fruit de leur travail quotidien, à laquelle ils n'attachent que plus de prix et dont ils s'efforcent de tirer le meilleur parti possible. C'est ce qui explique pourquoi un grand nombre de jeunes

Français, au sortir des écoles de commerce ou des écoles primaires supérieures, demandent des emplois non rétribués de « volontaires » dans les maisons anglaises ou allemandes. C'est ce qui explique également le nombre croissant d'universitaires, hommes et femmes, qui acceptent des emplois au pair dans des pensions ou familles étrangères. Ni les uns ni les autres ne sont désireux de gagner immédiatement de l'argent; l'essentiel pour eux est d'avoir le loisir de poursuivre leurs études. Il résulte de ceci que même un placement qui ne donne aucun avantage pécuniaire à celui qui en est l'objet, n'est pas pour cela dépourvu de valeur. Il mérite d'être encouragé au même titre que les autres. Il n'offre pas une situation définitive dans le présent, mais il en prépare une meilleure pour l'avenir.

Le Placement est même supérieur, par certains côtés, aux voyages et séjours ordinaires. Non seulement il pourvoit le jeune homme d'une deuxième famille où celui-ci entend des conversations usuelles sur les lieux communs ou sur l'actualité, mais il l'introduit dans son milieu professionnel: maison de banque, de change, de commerce, d'exportation, manufacture, etc. Là, il se familiarise avec la terminologie spéciale de sa future occupation. Il lui fournit une occasion unique d'acquérir une foule de vocables rarement employés hors de ce milieu spécial, et qui seront pour lui d'un usage journalier à l'avenir. Il le perfectionne dans la correspondance commerciale, dans les travaux sténographiques et dactylographiques en langue étrangère. A un point de vue un peu plus général, il le rompt à toutes les opérations d'achat, de vente, de négociations diverses portant sur les mesures et monnaies étrangères, sur les traites et mandats internationaux. En un mot, il complète de la façon la plus fructueuse et non la moins intéressante, l'éducation professionnelle ébauchée en France.

Ce n'est pas tout : non seulement le Placement facilite l'étude des langues étrangères et favorise la préparation professionnelle, mais il complète la culture générale de l'individu.

En effet, il est un excellent moyen d'instruction et d'éducation.

Il permet, par exemple, l'acquisition de connaissances géographiques variées et précises ayant trait au relief, à l'hydrographie, aux conditions climatériques, aux productions du sol et de l'industrie. Il familiarise avec les mœurs, les usages et coutumes des étrangers; il révèle les particularités de leur état social et économique et provoque des comparaisons intéressantes entre la France et les autres pays. Il introduit au sein des œuvres étrangères d'éducation, de mutualité, d'assistance. Il enseigne les conditions du travail et de la vie dans les diverses nations; il donne une idée plus juste de leur civilisation et permet d'apprécier plus équitablement l'état des lettres, des sciences et des arts.

Il développe en outre les facultés intellectuelles et principalement l'esprit d'observation, la réflexion et le jugement.

Enfin il forme le caractère, stimule l'initiative, aguerrit la volonté, façonne l'amour propre en détruisant la fausse susceptibilité, en rabaissant l'orgueil excessif et en encourageant la fierté légitime; il éclaire le patriotisme qu'il débarrasse des éléments haineux ou agressifs, il fortifie le sentiment de la solidarité nationale dont il démontre la nécessité; il donne, en un mot, cette sagesse particulière qui vient de la connaissance de l'étranger et achemine ainsi peu à peu vers les grandes idées d'internationalisme pacifique et de fraternité universelle.

Le placement à l'Etranger et aux Colonies que nous venons de considérer comme œuvre de solidarité sociale et comme moyen pratique d'éducation est, de plus, une arme économique très puissante. Il est susceptible, en effet, de créer, hors de France, une véritable armée de jeunes compatriotes intelligents et actifs capables de renseigner, de représenter et de défendre la production française et, par suite, de contribuer activement à l'extension de notre commerce au dehors. De la sorte, il adjoint aux Consuls et aux Conseillers du Commerce extérieur qui sont les représentants officiels des intérêts économiques français, des représentants naturels, plus modestes sans doute, mais non moins précieux. Comment ces derniers doivent-ils entendre leur mission ? C'est là encore une de ces questions générales qui ne comportent pas une réponse unique.

En somme, tout dépend des lieux et des personnes. Ce qui est possible pour les uns ne l'est pas pour les autres; ce qui est opportun ici ne l'est pas nécessairement ailleurs.

Il faut donc nous borner à quelques indications de détail qui sont moins des règles de conduite immuables que de simples avis que chacun peut et doit utiliser au mieux de la situation. Il semble toutefois que le devoir général (et strict celui-ci) est de renoncer tout d'abord à cette fâcheuse tendance que nous avons à nous dénigrer nous-mêmes ; après cela le principe est que nous cherchions à nous faire valoir nous et nos produits. C'est ici que commence la multiplicité et la diversité des moyens dont plusieurs pourront nous sembler puérils, mesquins même, mais qu'il ne sera pas inutile d'expérimenter au moins une fois.

On peut par exemple, à l'étranger, faire connaître la production française, au cours de conversations dans les familles ou pensions que l'on fréquente ; on peut montrer des catalogues de nos grandes maisons de commerce ou d'industrie ; inspirer peut-être soi-même ces catalogues par la suite, en suggérant telles ou telles modifications en invitant par exemple à les rédiger en langue étrangère, à faire figurer le prix en monnaie étrangère, en changeant le format, l'aspect matériel, ou le mode d'illustration. On peut tenir chez soi une exposition de produits ou d'échantillons, constituer une sorte de musée commercial en miniature, sans prétention, avec un caractère accidentel qui cache l'apprêt et voile le but. On devrait porter soi-même les modes françaises, essayer de les faire adopter par ses amis, visiter souvent ceux qui sont susceptibles de devenir des clients de la France ; éviter, sans doute une pression maladroite, qui ne pourrait hâter le succès ; mais surtout ne pas se laisser rebuter par les premiers échecs, et continuer jusqu'à ce qu'on ait obtenu de bons résultats. Voilà comment on peut suggérer l'idée et le désir d'un article français.

Ce premier pas étant fait, l'action se précise. C'était du tact, et de l'habileté qu'il fallait surtout dans la phase précédente ; c'est maintenant, avec de l'affabilité toujours, une certaine compétence qui est nécessaire. Il s'agit, en effet, de montrer la qualité d'un produit, d'énumérer ses avantages, de faire ressortir le cas échéant sa supériorité sur les produits similaires. Cette tâche peut être simplifiée par la possession de nombreux échantillons de qualités et de prix différents permettant des comparaisons faciles et offrant un choix aux bourses modestes comme aux mieux garnies.

D'autre part, faire des conditions de préparation, d'envoi, d'échéance en conformité avec les habitudes du client, le débarrasser du souci de la douane et du port, vendre surtout des produits de premier choix comme la France peut en offrir, mettre en garde contre les imitations plus ou moins déguisées, s'enquérir après l'envoi de la marchandise si le client est satisfait, prendre note de ses observations et desiderata, en tenir compte scrupuleusement si on a cru pouvoir promettre de les réaliser, apporter toutes modifications désirables et possibles dans les envois ultérieurs, tels sont quelques-uns des moyens qu'on peut expérimenter pour se créer une clientèle et la conserver.

Nous trouverions en y réfléchissant davantage d'autres manières de se rendre utile à l'étranger. Encaisser les traites à domicile pour éviter tout dérangement à l'acheteur, calmer son mécontentement au cas où il n'aurait pas été pleinement satisfait, aplanir les petites difficultés et régler les différends de détail ; renouveler ses visites chez les mauvais payeurs, si on a provoqué quelque envoi dont le règlement soit laborieux, représenter une maison au cas d'une affaire judiciaire inévitable, etc., etc.

En résumé, les Français placés à l'Etranger peuvent créer la clientèle ce qui est important ; la conserver, ce qui vaut mieux ; l'étendre, ce qui est l'Idéal. Ces progrès sont rendus possibles par l'expérience que leur donne chaque jour la vie à l'étranger. « Un homme averti en vaut deux » dit le proverbe. Eh bien, pour le développement de la production française et l'avenir de notre commerce extérieur, tous nos représentants naturels vivant dans les Colonies ou l'Etranger comptent double car ils sont avertis. Ils peuvent nous renseigner sur ce qu'il faut fabriquer, sur ce qu'il faut vendre, et nous dire de plus, quand, comment et à qui il faut vendre : Ce sont là, on ne saurait le nier des indications précieuses.

Il n'est pas toujours habile, en effet, en matière commerciale, de vouloir imposer de prime abord ses propres habitudes aux autres peuples. Tenter d'opérer d'un seul coup un changement total, c'est courir presque certainement au devant d'un échec. Il importe, là comme ailleurs, de n'avancer que progressivement et de ménager soigneusement les transitions.

Voici, semble-t-il, quelle pourrait être la marche à suivre. Importer tout d'abord des marchandises absolument semblables comme forme, couleur, dessin, prix, qualité à celles qui se vendent dans un pays, de façon à ne pas heurter de front les habitudes peut-être séculaires des habitants ; les modifier ensuite, petit à petit, en temps opportun et par gradations insensibles dans le sens de nos propres traditions, goûts et modes. Sur ce sujet, le commerçant et l'industriel français pourront être judicieusement renseignés par nos compatriotes de l'étranger.

Ces derniers seront en outre bien placés pour leur faire savoir que tels travaux ont été décidés et telles fêtes organisées, que tels événements sont attendus, que tels ou tels articles pourraient dans ces diverses circonstances trouver un écoulement rapide et avantageux s'ils étaient fabriqués de telle façon, rendus sur place à tel moment et offerts à tels et tels prix.

Sans doute, représenter, renseigner, défendre la production française est la fonction même de nos consuls ; et on ne saurait nier — malgré quelques critiques justifiées — qu'ils ne s'en acquittent avec dévouement. C'est donc à tort qu'on impute à « leur manque de zèle » notre situation économique actuelle ; il est très aisé de dire « les consuls ne font rien » et de les rendre responsables de tout le mal. C'est là une formule commode qui convient aux gens simplistes et les dispense de faire des recherches plus pénibles. Les causes réelles du mal, on les trouverait plutôt, d'une part dans les habitudes routinières de certains commerçants et industriels ; d'autre part, dans l'habileté et la persévérance que déploient nos concurrents étrangers. J'ai lu en maints rapports et j'ai appris par la bouche même de plusieurs consuls les nombreux renseignements fournis aux producteurs et négociants français sur les affaires à traiter, les maisons à créer, les produits à fabriquer, le mode de vente, d'emballage, d'expédition, d'échéance à adopter. J'ai trouvé les mêmes avis pressants et réitérés dans les bulletins des Chambres de Commerce françaises à l'étranger. J'y ai même noté parfois le ton d'amertume de ces communications que l'auteur savait, par avance, devoir rester infructueuses et je ne crois pas qu'il soit équitable de crier « haro » sur les consuls.

Il n'en reste pas moins vrai que leur action est insuffisante puisqu'elle ne parvient pas à modifier la situation. J'attribue ce fait à deux causes : 1° que leurs communications sont générales et impersonnelles ; 2° qu'elles ne touchent qu'un nombre relativement faible d'intéressés. S'il est possible de remédier, sans peine, à ce dernier inconvénient, il est beaucoup plus difficile d'atténuer le premier qui est inhérent à la fonction même du consul. Le consul étant un agent officiel et non le représentant d'une maison spéciale, ses rapports ne peuvent guère revêtir qu'un caractère général, impersonnel et désintéressé. Qu'on le veuille ou non ils ont le destin des circulaires imprimées et des prospectus qu'on néglige souvent de lire et auxquels on n'attache jamais, quand on les lit, la même importance qu'à une correspondance particulière.

Ceci explique comment à côté des représentants officiels de notre pays, nos compatriotes vivant à l'étranger peuvent se rendre utiles. En effet, leurs communications si elles ont moins de portée que les rapports consulaires peuvent donner des résultats plus effectifs. Elles s'adressent à une personne et non à une catégorie, à un seul fabricant et non à tous ; elles peuvent présenter les mêmes garanties d'exactitude que celles des consuls (rien ne s'oppose à ce qu'elles soient inspirées par eux) ; elles peuvent être renouvelées, rendues plus pressantes si l'affaire apparaît de plus en plus avantageuse ou au contraire annulées en temps voulu s'il était périlleux de l'entreprendre.

D'où il est possible de conclure que le Placement des Français à l'Étranger et aux Colonies peut créer en faveur de notre production nationale une puissance merveilleuse susceptible non seulement de la représenter, de la renseigner et de la défendre mais encore de l'étendre et la développer sans cesse. Mettre au service de notre activité économique des hommes jeunes, actifs et intelligents, vivant chez les autres peuples, sachant tout voir et tout entendre, aptes à faire leur profit de tout ce qu'ils apprennent, capables de noter les habitudes et les besoins de leur entourage, de guider ses choix, d'exercer sur lui une influence effective c'est travailler de la façon la plus efficace à la défense de notre industrie et aux progrès de notre commerce.

Le Placement au dehors est, en outre, un précieux instrument de propagande civilisatrice. Il peut en effet contribuer à accroître l'influence intellectuelle et morale de la France dans le monde en répandant partout notre langue, nos idées et nos sentiments.

Deux sociétés, fondées sur le Placement s'occupent plus spécialement de cette dernière tâche : l'Alliance française et la Mission laïque, l'une plus ancienne ayant déjà rendu d'immenses services, l'autre plus récente, mais pleine de vigueur et d'avenir. Toutes deux créent dans les Colonies françaises et dans les pays étrangers des écoles où l'on apprend la langue française ; dans les endroits où existent déjà des établissements enseignants, elles envoient des maîtres français chargés d'enseigner notre langue aux étrangers.

C'est là une œuvre purement éducative en apparence, mais en réalité féconde en résultats économiques. La langue étant le véhicule des idées et l'instrument des affaires, là où pénètre la langue française pénètrent bientôt les idées françaises et les produits français.

D'où il résulte que dans le rôle du Placement, même dans son rôle économique, il convient de ne pas considérer exclusivement l'influence des seuls employés de commerce mais encore celle des autres catégories de Français : l'institutrice qui enseigne notre langue dans les pensions étrangères, le professeur qui répand nos idées dans les

Universités ou collèges des pays voisins travaillent, indirectement peut-être, mais d'une façon certaine, au développement de nos affaires ; c'est pourquoi leur choix et leur placement mérite toute notre attention.

Mais c'est surtout à leur mission civilisatrice qu'ils apportent la plus grande part de leur esprit et de leur cœur. Jeunes filles diplômées qui avez d'énergie pour quitter momentanément le toit paternel et aller seules au-delà des frontières enseigner l'amour de la France ! Jeunes instituteurs qui résolument abandonnez la « Grand'ville » et ses plaisirs pour aller dans une paillotte du Sénégal ou de Madagascar instruire quelques négrillons, vous êtes des vaillants et votre œuvre est admirable !

Aussi dans la question générale du Placement nous renonçons à établir des distinctions entre les mérites des jeunes gens de professions diverses. Qu'ils appartiennent au commerce, à l'industrie, à l'enseignement, ils peuvent les uns et les autres remplir une mission civilisatrice, en travaillant à répandre la langue française, à faire mieux connaître et mieux aimer notre pays, à préparer entre les générations futures des différentes nations une ère d'entente cordiale, de relations pacifiques et de prospérité.

Enseigner la langue française, mais c'est pour un compatriote la tâche la plus agréable ! C'est assurément aussi la plus fructueuse ; elle est en effet, non moins conforme à nos intérêts matériels et moraux que l'étude des langues étrangères puisque comme celle-ci, elle peut éviter les malentendus et multiplier les transactions. C'est aussi la plus facile, car les étrangers ayant appris notre langue ne manqueront pas de rechercher spontanément notre compagnie. N'eussent-ils retenu que ces mots : « J'ai étudié le Français autrefois, mais j'ai presque tout oublié », ils ne manqueront pas de venir vous les dire !

Enseigner la langue française, mais c'est donner le désir de connaître notre littérature, c'est-à-dire nos idées, nos sentiments, notre âme en un mot.

Enseigner la langue française c'est enfin provoquer pour l'avenir des voyages en France, c'est créer à travers les frontières des liens de sympathie ou d'intérêt entre les individus et les familles, c'est faire naître un état d'esprit favorable à la paix et au commerce, c'est diminuer les chances de guerre et accroître la possibilité de régler pacifiquement les conflits internationaux. Si un jour la guerre devait disparaître définitivement de la surface de la terre, soyez persuadés que ce serait moins l'effet des règlements officiels que la conséquence d'un accord tacite des peuples ayant appris enfin à mieux se connaître et à s'estimer davantage.

« La connaissance de l'étranger est le commencement de la sagesse », a dit un philanthrope, et cette parole est vraie. L'étude de l'étranger révèle, en effet, chez tous les peuples les mêmes souffrances, le même dévouement, la même abnégation : elle dévoile sous la diversité des caractère ethnologiques la communauté de nature et d'aspiration.

Si l'internationalisme, au sens élevé du mot, n'est pas une utopie irréalisable, s'il est plus qu'un mirage trompeur, s'il peut devenir un jour une réalité, le placement à l'étranger et aux Colonies en aura été un des plus puissants facteurs.

Qu'il s'agisse de résultats personnels et immédiats ou de conséquences générales plus ou moins prochaines, le placement n'aura d'heureux effets qu'à certaines conditions dont les trois suivantes nous paraissent indispensables :

1° Valeur intellectuelle et morale des personnes placées ;

2° Solidarité étroite entre nos compatriotes vivant à l'Étranger ;

3° Rapports fréquents entre les Français du dehors et ceux du dedans.

Pour ce qui est de la valeur personnelle des postulants, nous avons, en maintes circonstances, manifesté notre opinion. A l'Assemblée Générale de l'Association de Placement gratuit tenue le 28 janvier 1904, au Musée social, nous avons notamment posé cette question : « Vaut-il mieux ne placer que quelques Français actifs et intelligents que d'en placer un plus grand nombre dont les aptitudes et les chances de succès soient moins évidentes ? » La réponse suivante a été unanimement approuvée. « Chaque compatriote placé par nos soins à l'Étranger ou aux Colonies étant destiné à devenir une source d'action française, plus la source sera vive et abondante, plus loin elle portera ses eaux, et plus loin aussi s'étendra son action bienfaisante : un grand fleuve est plus utile que dix ruisseaux. Par suite ce sont surtout des éléments de premier choix qu'il faut envoyer au dehors. » Quelques mois après nous avons retrouvé dans le « Magazine of Commerce » la même idée exprimée à peu près dans les mêmes termes et nous sommes en mesure d'affirmer que c'est sur l'émigration des meilleurs de ses enfants que l'Angleterre compte surtout pour défendre sa situation économique extérieure et pour la faire prospérer.

Par suite nous ne pouvons qu'affirmer une fois de plus que le Placement de Français à l'Étranger et aux Colonies ne convient pas à tous nos compatriotes, mais seulement à ceux qui sont le plus aptes à remplir dignement leur mission. A ceux-là il faut de l'activité, de l'intelligence, de la dignité.

L'activité leur est nécessaire, tout d'abord, pour s'acquitter consciencieusement de leur besogne journalière et mériter l'estime de leurs patrons ou de leurs chefs. L'esprit toujours en éveil, ils devront observer attentivement et noter avec soin toute innovation pouvant être utile à nos compatriotes ou profitable à notre pays.

Intelligents ils devront l'être pour ne pas rester dans un isolement qui serait stérile et pour devenir bientôt un centre d'action française. Ils atteindront ce but, en prêtant un concours assidu aux œuvres de propagande française. Ils entreront dans les clubs de conversation, fréquenteront les soirées littéraires, et accepteront des rôles dans les représentations théâtrales de nos œuvres — Ils auront là s'ils savent en profiter un magnifique champ d'expérience. Si par leur culture et la sûreté de leur goût ils savent inspirer confiance et se faire inviter dans de bonnes familles, leur prestige grandira rapidement. Bientôt on leur demandera conseil pour l'achat de produits français, des journaux, des revues, des livres peut-être, au début, puis des appareils photographiques, des bicyclettes ou même des automobiles, puis des articles de mode, de vêtement, d'ameublement, etc., etc., selon le sujet des conversations.

Mais ce qui leur sera surtout indispensable c'est la dignité. C'est par la sûreté de leur commerce, par la régularité de leur conduite, c'est par le sérieux de leur existence qu'ils arriveront à vaincre les préventions d'abord et à mériter la sympathie ensuite. Ils la conserveront en montrant en toute circonstance un esprit de large tolérance et ces habitudes de politesse et de courtoisie qui doivent rester un des apanages de notre race.

Comme on le voit, c'est une mission très élevée et parfois très délicate que nous rêvons pour nos jeunes gens. C'est presque un apostolat. Il n'est pas à la portée de tout le monde, nous le répétons. Cette œuvre de rayonnement et de propagande française ne peut être me née à bien que par des personnes instruites et habiles, laborieuses et honnêtes.

Toutes ces qualités resteraient improductives ou ne donneraient pas entièrement le profit qu'on peut en attendre si les Français vivant au dehors ne cherchaient pas à s'unir par les liens d'une étroite solidarité. Il importe que dans une même ville étrangère les membres de la colonie française se connaissent, se fréquentent, se groupent et constituent une société qui deviendra un foyer d'aide mutuelle et d'autorité morale.

Cette société, dont l'organisation se perfectionnera rapidement, si tous les membres sont convaincus de sa nécessité, et dont le rôle prendra chaque jour plus d'extension si chacun veut lui consacrer une part de son activité et de ses ressources, arrivera à trouver du travail à nos compatriotes sans emploi ou à les mettre temporairement à l'abri du besoin et de la faim. Passant du domaine matériel au domaine moral, elle mettra ces derniers en garde contre les dangers de l'isolement ou des mauvaises compagnies. Elle sera pour eux et pour tous les autres un foyer familial et patriotique où l'on retrouvera la langue maternelle et l'âme française, où l'on goûtera en commun des plaisirs sains, où l'on organisera fréquemment de ces soirées agréables et instructives qui resserrent les liens, développent la sympathie mutuelle et constituent la meilleure des sauvegardes morales.

Il n'est pas de spectacle plus réconfortant au milieu des misères sociales qui nous entourent que la vue d'une famille bien unie.

Il faut que les Français vivant hors de notre pays forment une grande famille où règnent une solidarité mutuelle et une mutuelle affection. Ce spectacle n'échappera pas aux regards de l'étranger et ne pourra lui inspirer qu'estime et que respect pour nos compatriotes.

Il faut enfin que l'accord le plus complet existe entre les Français de la métropole et ceux qui vivent dans les autres pays et que cet accord se manifeste par une confiance réciproque, par des relations suivies et par un commun désir de progrès.

La confiance réciproque naîtra de l'activité, de l'honnêteté de l'un et de l'autre des correspondants : quand, d'une part, le commerçant sera pleinement convaincu qu'il est judicieusement renseigné par son représentant, et que ce dernier défend en toutes circonstances les intérêts de sa maison ; quand, d'autre part, le représentant sera certain que le commerçant apporte une scrupuleuse ponctualité à exécuter ses ordres de vente, les relations deviendront plus faciles et les affaires plus nombreuses.

Grâce à cet ensemble de conditions : valeur personnelle des Français vivant à l'Etranger ; solidarité étroite unissant dans chaque ville les membres de la Colonie française ; relations cordiales entre Français du dehors et ceux du dedans, la production et le commerce de notre pays ne tarderont pas à progresser.

Pouvons-nous dire que ces conditions sont remplies et sommes-nous en droit d'escompter, dans l'état actuel des choses, les avantages que nous venons de signaler ? Il serait dangereux, d'après nous, de se bercer dans cette illusion. Les témoignages de nos consuls, les rapports de nos correspondants et l'expérience personnelle que j'ai pu acquérir au cours de mes voyages dans les diverses parties du monde me font un devoir d'affirmer en toute franchise que :

1° Sauf quelques exceptions honorables la qualité des Français établis à l'Etranger est souvent mauvaise et leur compétence insuffisante pour l'œuvre de propagande à accomplir ;

2° Les groupements qu'ils ont formés sont insignifiants comme nombre et à peu près nuls comme influence ;

3° Les relations existant entre les Français du dehors et ceux du dedans sont beaucoup trop rares pour être fructueuses.

La conclusion est facile à tirer : Tant que nous n'aurons pas modifié cet état de choses la rénovation souhaitée sera difficilement réalisable.

Les affirmations que je viens d'énoncer sont trop graves pour que je ne considère pas comme une obligation stricte d'en faire la justification par des faits. Le *Journal* du 18 mars 1905 publiait l'information suivante : Tanger, 17 mars. « Une bande de chenapans français s'est abattue sur la ville. L'un d'eux..... suit le récit d'un meurtre dont un individu s'est rendu coupable. La colonie française a été très émue de cet assassinat. Plusieurs de nos compatriotes ont exprimé à la légation de France le désir de voir rapatrier un certain nombre de gens sans aveu qui constituent pour eux un véritable danger. » Il n'y a rien à déduire de ce fait sinon que tous les pays ont leurs criminels et que le triste monopole n'en appartient pas à la France. Le Nouveau-Monde, lui-même, malgré les rigueurs de l'immigration, n'en est pas exempt. Il faudrait pour qu'il en fut ainsi que l'influence moralisatrice de la société américaine fut énorme, car l'Amérique reçoit chaque jour de tous les pays d'Europe quantité d'émigrants — qui ne sont pas tous Français — et qui seraient embarrassés pour montrer un certificat de bonne vie et mœurs.

Mais les défauts d'autrui ne sauraient servir d'excuse aux nôtres et c'est exclusivement de ces derniers que nous voulons nous occuper.

Ce qu'on reproche à nombre de compatriotes, c'est la légèreté de leur conduite. Certains se font remarquer par leurs excentricités, d'autres semblent mettre une sorte de coquetterie à étaler ostensiblement leurs travers ; d'autres font des dettes et oublient de les payer. Cette dernière façon d'agir nous a valu l'expression : « To make a French leave » (part. à la Française) qui ne signifie pas simplement « filer à l'anglaise » mais encore « déménager à la cloche de bois ; » d'autres ne tiennent pas leurs promesses, ce qui nous vaut quelquefois ce compliment : « I don't trust French ». Je n'ai pas confiance dans les Français ; d'autres se montrent insatiables dans leurs exigences et trop indulgents pour leurs propres fautes, etc., etc.

On nous reproche également notre vantardise : « French are wind bags » disent les Américains. Les Français sont des sacs à vent, c'est-à-dire des gens qui font beaucoup de bruit et peu de besogne. Peut-être serait-on autorisé à retourner parfois cette appréciation contre les Américains eux-mêmes.

Une cause d'infériorité que nos consuls sont unanimes à déplorer c'est notre présomption ; nous croyons volontiers être le premier peuple du monde ; et il nous semble que les étrangers ne remplissent pas leurs devoirs à notre égard quand ils ne nous comblent pas de prévenances. « Nous sommes bien malheureux ; les gens ne nous regardent pas », m'écrivait un Français que nous avions placé ainsi que sa jeune femme dans une petite ville de la Suisse allemande.

Ce qui nous manque encore, c'est la pratique des langues étrangères. Nos jeunes gens, me disait un consul, croient connaître l'anglais ou l'allemand quand ils peuvent traduire un thème ou une version. Si on a l'indiscrétion de vouloir les faire parler, ils deviennent subitement muets. Si, confiant dans leurs réitérées affirmations, on leur procure une place, il arrive souvent qu'ils ne peuvent faire la besogne car ils ont annoncé des connaissances qu'ils n'ont pas.

Voyez dans quelle situation embarrassante on se trouve alors et si vous songez que ce désagrément est le moindre auquel on soit exposé, vous comprendrez. non pas comme on le dit à tort, que nous voyons de mauvais œil, les nouveaux émigrants français, mais qu'avant de les engager à venir nous nous entourions de quelques garanties.

« Mon opinion sur les Français habitant Liverpool? me disait le consul général, M. de Frobriand, je vais vous la donner : Sur deux cents compatriotes établis dans cette ville, plus de la moitié sont cuisiniers ou aide cuisiniers. Il semble que nous ayons la spécialité de laver la vaisselle et que nous ne puissions exporter que des « plongeurs ». Puis, élevant le ton : Il y a pourtant en France aussi bien qu'en Angleterre et en Allemagne des jeunes gens ayant de l'instruction et de la culture. Pourquoi ne se placent-ils pas au dehors où nous aurions tant besoin de donner une meilleure opinion de nous » !

« Les Français ! Les Français » ! me disait en riant un marchand d'Athènes chez qui j'avais reçu l'hospitalité la plus cordiale, « ils sont tous comme vous ». — « Qu'entendez-vous par là », répliquai-je. — « Oui, ils sont tous des instituteurs ; mais il n'y a pas de marchands ». Cette explication singulière me frappa et je la conservai. Les appréciations que j'eus l'occasion d'entendre à Smyrne, à Salonique, à Constantinople et ailleurs, me prouvèrent que le marchand grec ne s'était pas trompé. On me disait partout la même chose : « Les Français savent instruire les peuples, mais ne savent pas profiter de leur enseignement » ; ils sont des semeurs qui laissent à d'autres le soin de récolter. Je ne fais nulle difficulté pour avouer que mon amour-propre ne fut pas froissé par ces comparaisons et le titre d' « institutrice des nations » donné à la France me parut assez beau pour être accepté. Restons instituteurs, c'est entendu, mais devenons un peu marchands.

Inutile de prolonger la liste de ces citations et de ces souvenirs pour démontrer que la plupart de nos compatriotes de l'étranger sont loin de présenter les conditions que nous avons reconnues indispensables dans l'œuvre de rénovation et de progrès que nous devons en attendre.

La situation ne serait pas, de ce fait, entièrement compromise si l'union existait entre eux ; malheureusement il n'en est rien : la solidarité fait défaut dans les colonies de Français vivant à l'étranger.

Aux enquêtes verbales ou écrites que nous avons faites, pour apporter sur ce point des informations précises on nous a répondu invariablement par l'une des trois types indications ci-dessous :

1° Il n'y a pas de groupement français organisé dans notre ville.

2° Il y avait deux sociétés françaises ici ; elles se sont fait une concurrence acharnée et, finalement, ont péri toutes deux.

3° Il existe une société littéraire française, mais elle est composée exclusivement d'étrangers.

Les foyers familiaux et patriotiques que nous désirons sont donc encore à créer : leur absence quelque préjudiciable qu'elle soit est moins grave cependant que les défauts individuels que nous avons signalés. Elle n'en est souvent d'ailleurs que la conséquence directe. La défiance ne va pas partout jusqu'à demander, comme à Tanger, le rapatriement d'office de certains compatriotes dangereux, mais elle existe néanmoins. Je pourrais citer entre autres cas, celui d'une ville d'Amérique où l'on m'a dit : « Les Français d'ici ne sont pas à fréquenter : défiez-vous en. » Il est à présumer que le jour où, grâce à un meilleur recrutement, nous aurons envoyé au dehors des jeunes gens recommandables, leurs devanciers ne feront nulle difficulté pour les admettre avec confiance et sympathie.

Une dernière cause d'insuccès économique, et qui n'est probablement elle aussi que la conséquence des deux précédentes, de la première surtout, c'est l'absence de rapports suivis entre les Français de la métropole et ceux de l'étranger. Outre la malheureuse question de défiance, qui est pour le commerçant une obsession de toutes les heures, il existe deux autres causes.

La première est l'hostilité réelle et avérée d'un certain nombre de compatriotes établis à l'étranger qui craignent de voir arriver un concurrent dans la ville où ils exercent leur profession ; cela parait-il ne serait pas un défaut exclusivement français : d'une lettre fort intéressante, envoyée tout récemment à l'Association par un jeune professeur que nous avons placé à Téhéran, j'extrais la phrase suivante : « L'Européen, en général est hostile à l'immigration européenne, parce que cela lui fait des concurrents ».

D'autres fois ce parti-pris est moins explicable. Notre correspondant de M. (grande ville d'Angleterre) nous écrit il y a quelques jours à peine : « J'ai visité toutes les grandes maisons françaises, elles ne veulent même pas entendre parler de l'idée (de recevoir de jeunes français comme employés) : nous ne devons que peu compter sur nos compatriotes ici. Il préconise alors le mode de placement par insertion dans les journaux.

Voilà assurément des faits très graves qui montrent la difficulté de la tâche que nous avons entreprise ; ils ne se produisent pas partout assurément ; mais ils sont encore beaucoup trop fréquents.

La deuxième cause du peu de rapports entre Français du dehors et ceux du dedans, n'est peut-être au fond qu'un simple malentendu qu'il faudrait s'efforcer de dissiper.

Les consuls disent : « On ne nous demande pas conseil ; on ne vient pas nous trouver. Je vois en moyenne deux voyageurs de commerce français par an, me disait l'un d'eux ; c'est peu vous en conviendrez ; eh bien sur ce nombre, il en est un qui ne viendrait peut-être pas, si depuis plusieurs années, je ne lui achetais ma provision de vin ». « Quand par hasard on nous prie de fournir des renseignements, on n'en tient pas compte ; même pour une affaire importante, on se décide très difficilement à tenter le voyage alors que la dépense ne représente pas le centième du bénéfice éventuel de l'entreprise ».

Dans les chambres de commerce, on répond à peu près les mêmes choses : on ne lit certainement pas nos bulletins, ou bien alors, si on les lit, on ne se conforme pas à nos indications, on ne profite pas des conseils que nous dicte l'expérience de l'étranger, on néglige les occasions que nous avons signalées.

Voilà un son de cloche ; en voici un nouveau.

Les commerçants français prétendent que les consuls ne répondent pas ou répondent très tard à leurs demandes de renseignements ; c'est là le grief principal ; il en est d'autres infiniment moins importants, qu'il est presque ridicule de signaler, tant ils sont minimes, puisqu'ils touchent à des questions de timbre, d'affranchissement ou de surtaxe.

Ces reproches, de quelque côté qu'ils viennent, sont peut-être en partie, mérités ; mais combien les griefs réciproques relevés par nos commerçants contre nos représentants officiels ou inversement sont peu de choses comparés au préjudice énorme qui en résulte pour notre commerce ; il suffirait d'un peu plus de bienveillance de part et d'autre pour faire cesser ce malentendu, car il n'y a là qu'un simple malentendu.

La question de défiance est moins facile à résoudre, du moins à notre avis. L'expérience du Placement nous a appris un fait bien curieux, dont nous n'avons pas encore découvert la cause. Il est aussi aisé de trouver une place pour une institutrice ou un professeur, qu'il est difficile d'en procurer une à un employé de commerce. On s'entoure de bien plus de garanties quand on veut confier sa marchandise que lorsqu'on veut confier ses enfants. Il semble pourtant que ces derniers sont les plus précieux des biens ! Cela étant, on s'explique combien est compliqué, par exemple, le placement dans le commerce, aux colonies, où l'employé est à la fois vendeur, comptable, caissier et représente effectivement son patron toujours absent.

La clé du problème réside, comme la solution des questions précédentes, dans une préparation plus rationnelle et dans un choix plus judicieux des Français à placer au dehors.

Nous ne saurions terminer ce chapitre (où nous avons paru, selon une tendance fâcheuse mais bien française, nous critiquer à plaisir) sans apporter quelques indications qui pourront servir de correctif aux aveux peu agréables que nous avons dû faire.

Tout d'abord, nous pouvons affirmer qu'il existe, dans la plupart des pays civilisés une élite qui connaît la France et les Français, qui parle notre langue, qui vante notre bonne littérature, qui reconnaît notre sens artistique et l'apprécie à sa valeur, qui estime notre délicatesse et notre loyauté, qui juge en toute équité notre rôle historique et civilisateur.

Cette élite qui n'est, à l'heure actuelle, qu'une minorité verra peu à peu grossir les rangs, au fur et à mesure des progrès de l'instruction, de la fréquence des rapports internationaux, de la diffusion des langues, du caractère des expositions, etc. Nous en avons eu la preuve l'année dernière à la Word's Fair de Saint-Louis, aux États-Unis, où tant de milliers de visiteurs vinrent admirer le pavillon de la France, louer nos œuvres d'art, porter sur les travaux de nos élèves, de nos ouvriers, de nos artisans des jugements flatteurs que j'enregistrai avec joie. De même la supériorité de la musique de la Garde Républicaine fut reconnue et admirée dès les premiers concerts et nos musiciens entendirent jusqu'à la fin de leur séjour d'enthousiastes applaudissements.

Les jugements portés sur notre pays se modifieront aussi quand nous serons mieux connus et que disparaîtront suivant le cas, l'exagération ou l'erreur qui est la cause de leur sévérité.

Certes, nous ne voulons pas plaider non-coupable pour ceux dont la conduite répréhensible nous vaut des appréciations peu flatteuses qu'on a eu le tort de généraliser hâtivement ; mais nous avons le devoir d'affirmer que tous ceux qui parlent notre langue et s'attribuent notre nationalité ne sont pas toujours nés dans notre pays. Celui qui dit « Zé soui francé », dénature autant la vérité que celle qui dit « che sui francesse » ; et quand ces personnes là commettent de mauvaises actions dont nous devons supporter les fâcheuses conséquences nous avons le droit et le devoir de nous récrier.

De même il y va de notre honneur et de notre intérêt à ne pas laisser se perpétuer certaines traditions qui ont cours assez souvent au dehors et que d'aucuns exploitent. Il faut apprendre à ceux qui ne connaissent de nos œuvres qu'une littérature particulière, que ce genre d'ouvrages n'est pas répandu en France et que leurs auteurs ou éditeurs escomptent surtout en les faisant paraître des commandes pour l'Etranger.

Il faut dire de même à ceux qui nous montrent des photographies, cartes ou gravures obscènes qu'on leur a vendues comme « venant de Paris » que ces objets ne sont pas tous fabriqués en France, que la mention « fait à Paris » ou « venant de Paris » n'est pas une garantie d'origine. C'est une réclame commode peut-être, mais peu honnête assurément. La preuve que ces articles ne sont pas courants à Paris. c'est que leur commerce en est clandestin et qu'on punit sévèrement ce genre de négoce après avoir détruit la marchandise: la pornographie n'a jamais été et ne sera jamais une spécialité française.

Il faut enfin démontrer à ceux qui n'ont vu de Paris que ses Music-halls, ses brasseries, ses bals et son Moulin-Rouge que ces établissements vivent surtout des étrangers qui les fréquentent en foule ; que tous les Français n'en font pas leurs délices et qu'ils leur préfèrent la bonne littérature ou la bonne musique ; qu'à côté des bals et des concerts il y a les musées et les bibliothèques où se presse une élite cultivée et studieuse ; que des cours publics au nombre de plusieurs centaines reçoivent chaque soir des milliers de jeunes gens et de jeunes filles, d'artisans et d'ouvriers qui, leur journée de travail finie, vont s'asseoir sur les bancs des écoles pour compléter leur instruction ; que des masses d'instituteurs ou de professeurs, après leur besogne quotidienne aussi, donnent gratuitement et sans compter leur esprit et leur cœur à ces œuvres d'éducation populaire ; que nos œuvres de mutualité et d'assistance sont aussi prospères et aussi brillantes que nos œuvres d'enseignement, que Paris n'est pas seulement la « gaie cité », mais la cité laborieuse, qu'elle ne songe pas seulement au plaisir mais au soulagement des infortunes et que le titre dont elle s'honore le plus c'est d'être la ville du travail, et du dévouement.

Voilà ce qu'il faut dire et répéter.

Il n'en reste pas moins vrai, malgré tous les correctifs qu'on peut apporter que l'appréciation des étrangers à notre endroit est généralement sévère ; et que, par leur déchéance ou leur forfanterie, certains de nos compatriotes vivant au dehors, justifient en partie cette sévérité.

Le résultat de cet état de choses nous est doublement préjudiciable car il atteint à la fois notre amour-propre et nos intérêts matériels. Le discrédit dont nous souffrons au point de vue moral trouve en effet sa répercussion dans les questions de négoce où il complique et ralentit le mouvement des affaires.

Ce qui fait paraître, ce qui rend devrais-je dire, la situation encore plus grave, c'est le rapide développement de nos concurrents qui font profit et de leur expérience et de nos mécomptes. En quelque lieu qu'on voyage, à quelque personne compétente qu'on s'adresse sur les chances de placement de Français dans une ville ou une région, c'est la même réponse qu'on entend. « Tous les emplois sont occupés ici par de jeunes Allemands. » Si on demande les raisons de cette faveur, il est répondu : « C'est parce qu'on les trouve supérieurs aux autres par leur bonne conduite, leur amour du travail, leur ponctualité à la tâche, leur capacité, leur soumission et surtout la modestie de leurs prétentions qui les fait se contenter d'appointements que les autres trouvent insuffisants. » En Amérique, en Angleterre, en France même, on ne juge pas autrement ; et, devrais-je être accusé de partialité, j'avoue sincèrement que sauf de rares exceptions — il y en a partout et toujours — les jeunes Allemands que je connais à Paris sont instruits, consciencieux et somme toute, recommandables. Ils viennent très nombreux dans telle Société que je fréquente ; montrent beaucoup d'amabilité, sont d'une politesse souvent obséquieuse, multiplient leurs prévenances à l'égard des dames, s'offrent à échanger des leçons avec des Français, prêtent leur concours dans les Sociétés polyglottes où ils sont d'autant plus appréciés qu'ils connaissent très souvent le français, l'anglais et l'allemand, sont en un mot, comme nous désirerions voir les nôtres et se conduisent comme devraient le faire nos compatriotes établis à l'étranger.

Outre la valeur personnelle, ils possèdent à un haut degré l'esprit de solidarité, ont des réunions, des clubs, des sociétés organisées parfois très puissamment. Je me rappelle notamment avoir fait au Comité Parisien, de la Société Hambourgeoise une conférence où assistaient plus de cent membres de la colonie allemande. La soirée se termina par des morceaux de musique et de chant, et tous les Français qui assistaient à cette réunion emportèrent l'impression d'une colonie unie et forte, véritable modèle à proposer aux Français habitant les colonies étrangères. Éducation mutuelle, assistance, placement, sont à ce point développés chez eux que nous n'avons eu qu'une seule demande de secours de la part d'une jeune fille allemande. Je la recommandai au Consulat général d'Allemagne qui jugeant sans doute que l'Association de placement gratuit *Français* sortait de ses attributions, n'accusa pas réception, mais accorda le secours.

Le résultat de ces habitudes de travail et de mutualité, tout le monde le connait ; extension constante du commerce extérieur allemand, augmentation continuelle du nombre des maisons allemandes à Paris et ailleurs. Nos voisins d'Outre-Manche s'en plaignent comme nous ; les maisons coloniales de Liverpool ayant accepté il y a plusieurs années un certain nombre de jeunes Allemands dans leurs bureaux, ceux-ci travaillèrent tant et si bien qu'au bout de peu de temps des maisons de Brème et de Hambourg fondèrent dans les Colonies anglaises de l'Afrique occidentale et du Golfe de Guinée des comptoirs qui actuellement font une concurrence redoutable aux établissements anglais.

Il est indéniable que l'avenir nous réserve une guerre commerciale plus âpre que toutes les luttes précédentes ; notre devoir et notre intérêt sont d'accord pour nous inviter à préparer cette défense. Nous ne voudrions pour rien au monde prendre la part d'autrui ; mais nous tenons absolument à conserver la nôtre.

Ces légitimes revendications, le Placement gratuit de Français à l'Étranger et aux Colonies nous permettra de les défendre si nous savons l'approprier à cette fin. Il peut devenir entre nos mains, ce qu'il est entre les mains de l'Étranger, une arme très puissante. Il faut pour cela qu'il présente des conditions particulières. Les deux plus importantes, je vais plus loin, les deux indispensables sont :

1° Organisation du Placement au dehors ;

2° Centralisation au dedans.

Ni l'une ni l'autre n'existent actuellement dans le Placement français.

Disons tout d'abord qu'il ne saurait être question pour nous que du Placement gratuit : l'autre a été condamné par l'opinion à cause des abus nombreux auxquels il a donné naissance. Notre principal grief contre lui, c'est qu'il est en grande partie la cause de la situation que nous avons décrite et dont nous déplorons les conséquences ; c'est lui, que nous rendons responsable de la présence à l'étranger et aux Colonies de gens qu'il aurait fallu laisser en France.

Éliminons, en effet, parmi les Français de l'Etranger, la partie la plus mauvaise, celle qui a des raisons majeures pour se soustraire à tout contrôle : repris de justice, malfaiteurs sous le coup d'une condamnation, escrocs de haut vol, etc.; mettons encore à part les braves gens qui sur la foi de réclames habiles ou d'informations inexactes sont partis de France avec quelques économies, mais avec une préparation insuffisante qui a causé leur ruine ; retranchons enfin du total, les Français qui travaillent, prospèrent et jouissent d'une considération légitimement acquise.

Que reste-t-il ?

Il reste une foule bizarre, difficile à définir, hétéroclite par la naissance, la culture et la profession, une foule qui vit ou végète misérablement, qui est presque toujours oisive, souvent turbulente et encombrante, parfois même dangereuse, une foule qu'il faut éviter de fréquenter, une foule dont on demande le rapatriement d'office, une foule qui se rend coupable de tous les méfaits dont souffre notre amour-propre et dont notre commerce pâtit. Qui a créé cette foule ? C'est en grande partie, le Placement payant.

Moins préoccupés d'exporter des éléments de premier choix que de toucher des primes, les agences et bureaux d'émigration ne se montraient pas difficiles sur le choix des sujets et tout homme disposé à aller n'importe où pour faire n'importe quoi était bon à embarquer. De la sorte, sont partis en grande quantité à l'étranger ce qu'en terme d'école on appelle « des fruits secs » et en langage d'atelier des « propre à rien ». Sauf de rares exceptions, ils sont restés ce qu'ils étaient auparavant, des incapables, des paresseux, des miséreux qui tenaillés par la faim sont devenus parfois des vagabonds et des criminels.

Pour être équitable, il faut dire à la décharge des entrepreneurs d'émigration qu'ils n'avaient pas le choix, il y a peu de temps encore, dans les candidats dont ils disposaient ; aussi devaient-ils exporter non ce qu'ils auraient voulu, mais ce qu'ils trouvaient, c'est, d'ailleurs, la seule circonstance atténuante qui ait quelque valeur. Nous ne saurions admettre par exemple la raison suivante qui nous a été donnée : « Quand on a de mauvais éléments, il vaut mieux les éloigner que de les conserver chez soi ». A cela je répondrai : « Par amour propre personnel et par respect pour autrui, on cache son mal, on ne l'étale pas. Si on a une brebis galeuse dans son troupeau, on n'a pas le droit de l'introduire dans le troupeau du voisin.

Il est des pays dans lesquels l'immigration est l'objet d'une réglementation sévère ; nous voudrions que ce fut l'émigration qui en France fut soumise à une surveillance très rigoureuse. De la sorte nous arriverions peu à peu par amendements successifs à changer la qualité de nos compatriotes établis au déhors et à augmenter le nombre de Français capables de faire mieux connaître, mieux juger et mieux aimer notre pays.

Si au point de vue légal l'interdiction d'émigrer ne peut être imposée à personne, du moins les Sociétés de Placement peuvent-elles n'accorder leur appui qu'à des sujets réellement méritants et accomplir ainsi une œuvre d'épuration de la première importance. Seul le « Placement gratuit » est susceptible de la mener à bien, son caractère désintéressé étant la meilleure garantie d'indépendance.

Malgré cette supériorité qu'elle doit à son caractère philanthropique, l'Œuvre du Placement gratuit de Français à l'Étranger et aux Colonies ne sera vraiment efficace que si l'intérêt général de la France est, en toutes circonstances, la plus constante de ses préoccupations.

L'importance de la question du « Placement gratuit » ne pouvait échapper dans notre pays à tous ceux qui s'intéressent aux questions sociales. Il semble que l'un des devoirs les plus stricts dans une démocratie bien organisée soit de procurer du travail à ceux qui en manquent. Le droit au travail est le plus sacré de tous et les organisations qui s'occupent de fournir de l'ouvrage à ceux qui en demandent méritent de prendre rang parmi les plus importantes d'un pays, car donner du travail, c'est donner à la fois le pain qui nourrit le corps et la moralité qui élève l'âme.

Sous ce rapport là, la France occupe un rang très honorable : les sociétés d'assistance par le travail y sont nombreuses et actives. On peut affirmer sans crainte d'exagération qu'elles rendent autant de services que les Hôtels de voyageurs, les Maisons de secours, les Assurances contre le chômage et autres organisations plus ou moins officielles dont s'enorgueillissent l'Allemagne, l'Angleterre, la Suisse et quelques autres pays européens.

Malheureusement, les sociétés d'assistance par le travail ne s'occupent guère du Placement à l'Étranger et aux colonies le seul qui nous intéresse dans cette étude. Ce dernier a été beaucoup trop négligé jusqu'à ce jour : il serait intéressant de savoir pourquoi.

Peut-être le caractère général des personnes qui s'expatriaient autrefois était-il cause de l'indifférence qu'on témoignait à leur égard. Comme c'étaient fort souvent des aventuriers à qui répugnait la vie tranquille, on les laissait partir tout seuls à la poursuite de la fortune. Peut-être aussi les tendances casanières de nos compatriotes les rendaient-elles à ce moment défavorables par avance à toute personne qui songeait à abandonner sa famille et son pays. Il semblait que le devoir de chacun fût de rester attaché aux lieux qui l'avaient vu naître. Peut-être enfin les demandes d'emploi au-dehors n'étaient-elles pas assez fréquentes pour qu'il y eut nécessité à créer une organisation spéciale. On avait d'ailleurs entendu parler des agences d'émigration et on se reposait sur elles du soin de satisfaire des demandes.

Ces conditions sont changées aujourd'hui ; d'abord la qualité des candidats émigrants s'est améliorée ; ensuite leur nombre s'est accru dans de vastes proportions ; enfin l'influence des entrepreneurs d'émigration a été battue en brèche.

Cependant le Placement gratuit de Français à l'étranger et aux colonies n'a presque fait aucun progrès.

Si les associations qui s'en occupent d'une façon accidentelle ou accessoire sont devenues plus nombreuses, celles qui en ont fait le but exclusif de leur activité sont encore extrêmement rares. Œuvre coûteuse, compliquée, ingrate elle n'a tenté par elle-même qu'un petit nombre de groupements.

Pourtant depuis 1901 [1] s'est organisée dans notre pays « l'Association pour favoriser le Placement gratuit de Français à l'Etranger et aux Colonies ». Comme son titre l'indique sans équivoque possible, elle a attaqué la difficulté de front, bien disposée à vaincre obstacles et déceptions, consciente à la fois des efforts à faire et des responsabilités à endosser.

[1] « Son histoire pendant sa première année de travail fut celle de presque toutes les Associations qui ne sont pas dotées à leur naissance par un parrain généreux : difficultés financières, vaines tentatives de publicité, tours de force d'économie pour subvenir à tout, bien que manquant de tout ; elle résista à l'épreuve ! elle vécut et elle travailla. A l'assemblée générale du 9 janvier 1903 le secrétaire général annonçait 84 membres adhérents, 3 membres donateurs et 1 membre bienfaiteur.

17 demandes d'emploi étaient venues au Comité d'action ; 9 satisfactions avaient été accordées ; mais pas une seule offre d'emploi n'avait été faite à l'Association. La situation de la Caisse était très modeste et même précaire, mais le Trésorier pouvait annoncer un actif de 98 fr. 05.

Ce n'était qu'un bien faible commencement ; mais l'Association avait donné une preuve de son activité et cela suffisait pour qu'un homme de haute valeur, M. P. Foncin, consentit à en accepter la Présidence et à lui prêter l'appui de son nom, de son savoir et de ses relations. Une autre personnalité de premier plan, M. d'Estournelle de Constant, allait accepter durant le courant de cette année 1903, la présidence d'honneur ; de nombreuses notabilités du monde par-

L'année 1904 a vu s'accomplir de nouveaux progrès. Le chiffre des demandes examinées s'est élevé à 1163 ; celui des offres à 279 et le nombre des satisfactions accordées est monté à 302.

Actuellement, au 1ᵉʳ juin 1905 le nombre des demandes d'emploi s'élève à 1508, celui des offres à 381, celui des satisfactions accordées à 432. Ces résultats sont la preuve indéniable de l'importance d'une telle association. Les personnalités les plus éminentes du monde économique et colonial, du monde politique et savant ont apprécié son œuvre dans les termes les plus élogieux.

« ... L'œuvre que vous avez fondée me paraît extrêmement intéressante et ne peut manquer de rendre à la grande cause de la Colonisation les plus utiles services, en secondant d'une façon particulièrement efficace les efforts faits par le gouvernement de la Métropole pour assurer le développement de notre Expansion coloniale par une immigration sagement comprise et rationnellement dirigée. »

GÉNÉRAL GALLIENI, *Gouverneur général de Madagascar.*

« J'applaudis à l'initiative que vous avez prise en fondant l'Association pour favoriser le Placement gratuit de Français à l'Etranger et aux colonies. J'accepte avec grand plaisir de faire partie de votre Comité de patronage et je vous prie de m'inscrire parmi vos membres bienfaiteurs. »

J. SIEGFRIED, *Député, ancien Ministre du Commerce.*

« Je serais heureux de pouvoir contribuer à l'œuvre si intéressante et si utile que vous présidez. »

CHAILLEY-BERT, *Secrétaire général de l'Union Coloniale.*

« Vous avez entrepris une belle tâche et mes sympathies vous accompagneront toujours. »

CHAUTEMPS, *Député, ancien Ministre.*

lementaire, colonial, commercial et savant, acceptaient de faire partie du Comité de patronage. Avec de pareils hommes, le succès n'était pas douteux. Le rapport si documenté du secrétaire général à l'Assemblée générale du 28 janvier 1904, fait connaître par le détail les résultats de l'activité de l'Association pendant l'année 1903.

Le chemin parcouru est considérable.

8.000 membres divers, 478 demandes et 160 offres reçues, 138 satisfactions accordées, en caisse 392 fr. 87.

Tels sont les premiers résultats obtenus par l'Association. Les membres de son Bureau de direction et du Comité d'action, connaissant tous une ou plusieurs langues vivantes, ayant tous voyagé ou séjourné à l'étranger ou aux Colonies, n'ont pas hésité à consacrer, leur journée de travail terminée, tous leurs loisirs et même bien souvent une partie de leur repos à la réalisation de cette idée de solidarité sociale : le placement gratuit des Français à l'Etranger et aux Colonies. Les difficultés de l'entreprise loin de les rebuter n'ont fait qu'accroître leur énergie. Ils sont infatigables lorsqu'il s'agit de donner satisfaction aux nombreuses demandes de renseignements concernant les pays étrangers ou nos possessions d'outre-mer. Ils se multiplient et se dépensent sans compter pour trouver hors de France des emplois à nos compatriotes. Le désintéressement le plus absolu n'a cessé de les guider ; être utiles, a été pour eux, en toute circonstance, leur ligne de conduite et une récompense suffisante. »

« Soyez assuré de ma très vive gratitude et de mon concours le plus dévoué. »

BEAU, *Gouverneur général de l'Indo-Chine.*

« Je serais heureux de contribuer à l'œuvre éminemment utile que vous poursuivez et à laquelle j'applaudis. »

PRÉSIDENT DU CONSEIL GÉNÉRAL DE LA SEINE.

L'expérience quotidienne que nous avons acquise dans les fonctions de secrétaire général de l'Association de Placement gratuit des Français à l'Étranger et aux Colonies, nous a appris que les causes principales de la difficulté de cette œuvre sont : 1° le vague des demandes et l'exigence des offres ; 2° le défaut d'organisation de notre Société.

Sur le vague des demandes nous avons insisté à plusieurs reprises. A l'Assemblée générale tenue en 1904 au Musée Social, nous disions notamment : « Sur les 478 demandes reçues au 31 décembre 1903, 334 manquent de précision. C'est là un mal énorme pour le Comité d'action d'abord dont il complique la tâche ; ensuite et surtout pour les postulants eux-mêmes dont il rend le placement difficile. Notre collègue, M. Gaucher, avait déjà signalé ce mal l'année dernière puisqu'il disait : « Le comité a constaté que les demandes qui ne renferment que des indications vagues sont les plus difficiles à faire aboutir ».

Permettez-moi d'insister à mon tour sur cette idée, fort juste, mais dont jusqu'ici on n'a pas tenu grand compte. Je laisserai de côté les complications apportées à la tâche du Comité et n'envisagerai que l'intérêt des auteurs de demandes. Il est bon toutefois qu'on sache que les membres du Comité d'action ont chacun leurs occupations journalières, que leur profession ou leur famille ne leur permet pas malgré leur dévouement, de consacrer un temps illimité à notre œuvre et que par suite il convient de ménager leurs instants et de simplifier leur besogne.

Je crains que la cause du vague des demandes ne soit pas seulement la négligence, mais qu'elle soit plus grave encore et résulte du manque de préparation spéciale à la vie de l'étranger et des colonies, à l'absence de capitaux, à l'ignorance des conditions particulières de l'existence dans les divers pays et comme corollaire, à la conviction fausse que partout ailleurs qu'en France, on travaille et on vit facilement.

C'est une erreur. Nulle part on ne peut faire quelque chose avec rien ; l'intention de réussir ne suffit pas, il faut les moyens. Pour les

Colonies notamment, on a répété cela sur tous les tons ; mais les avis
si sages des gouverneurs généraux et les judicieux conseils des publications coloniales n'ont pas encore détruit malheureusement cette
légende qu'il suffit de partir aux colonies dans n'importe quelles conditions pour y faire rapidement fortune. Or, il faut, pour réussir aux
Colonies, un certain capital, une préparation spéciale, une bonne
santé et surtout une énergie morale que tout le monde n'a pas.

Pour l'étranger, les conditions ne sont pas exactement semblables ;
mais la difficulté n'est pas résolue quand on s'est installé dans le train
ou qu'on a pris passage sur le paquebot qui s'éloigne de France ; elle
commence à peine et sera d'autant plus grande qu'on s'attendait
moins à la rencontrer. Je ne crains pas en disant cela d'éloigner les
jeunes gens aptes à réussir ; les timorés seuls s'en effraieront ; les
imprudents apprendront à réfléchir et enfin ceux qui ne pouvaient
trouver au-dehors que déceptions s'assagiront et resteront dans notre
pays.

C'est notre devoir, en effet, d'exposer la situation telle qu'elle est
et de dire à certains de nos postulants : « Vous ne pouvez pas obtenir
ce que vous désirez ; vous ne pouvez pas partir ».

C'est là une affirmation grave qui demande à être expliquée par
des exemples ; pourquoi laisser espérer au petit employé de capacité
modeste qui gagne 100 ou 120 fr. par mois que nous pourrons lui
trouver à Londres, à Berlin, à Trieste ou ailleurs la situation de 3 ou
4.000 fr. par an qu'il désire ; pourquoi encourager le père de famille
de 5 enfants qui se dit tout prêt à accepter en Russie une place de 150
fr. par mois ; pourquoi laisser dans l'illusion un garçon épicier sans
ressources qui voudrait un emploi dans l'alimentation à New-York
ou Melbourne et tant d'autres dont les lettres témoignent d'une si
profonde ignorance des conditions de la vie au-dehors. Que peuvent
faire à l'étranger de telles personnes ? Je ne parle pas, vous le conce-
vez, au point de vue de la propagande française, mais à celui de leur
propre subsistance. Laissez-moi vous le dire. Huit jours après leur
arrivée, vous allez les trouver chez le consul demandant leur rapatriement. C'est là un écueil qu'il faut éviter à tout prix ; et de là ressort une autre vérité dure à dire, mais pourtant nécessaire. C'est que
les spécialistes seuls ont chance de trouver, par notre intermédiaire,
du travail au dehors.

Celui qui n'a pour tout bagage que son baccalauréat n'est pas souvent plus avancé que celui qui sort de l'école primaire ; l'expérience

tirée de plusieurs centaines de démarches et tentatives nous l'a appris.

Autre affirmation qui pourra sembler paradoxale mais dont la justesse est facile à démontrer : c'est que le postulant qui nous dit savoir à peu près tout faire, ne peut généralement convenir pour aucun des emplois qui nous sont offerts ; et que les fiches d'une personne prête à aller n'importe où pour faire n'importe quoi sont presque fatalement destinées à ne jamais quitter son dossier. Cela est aisé à comprendre. Pourquoi un négociant de Liverpool, de Buenos-Ayres ou d'Alexandrie prendrait-il la peine de venir chercher à Paris une personne sans aptitudes spéciales, alors qu'il peut en trouver cent autres sur les lieux ?

Il résulte de cela que pour être placé, il faut être capable de faire quelque chose avec une certaine compétence ; il faut en outre, savoir exactement soi-même ce que l'on peut faire et ce que l'on veut faire à l'étranger ou aux colonies. Il faut en troisième lieu, ne demander comme appointement que ce qu'on peut raisonnablement obtenir et ne pas au début se montrer trop exigeant ; il faut enfin nous renseigner le plus exactement possible sur ses aptitudes et ses prétentions ».

Malgré ces indications, les demandes d'emploi étaient toujours très vagues. Cela nous conduisit à faire établir des feuilles de renseignements [1] où des questions très précises étaient posées au candidat sur son état-civil, ses études, ses occupations antérieures, ses connaissances spéciales, ses références, etc., etc.

En même temps, une circulaire-réponse, envoyée au reçu de toute demande, expliquait le rôle de la fiche de renseignements et donnait quelques renseignements préliminaires.

Le résultat de cette innovation fut considérable ; d'abord il nous fit mieux connaître nos candidats ; mais surtout elle éloigna de la Société tous ceux qui étaient inaptes à la vie de l'étranger et des colonies. Un peu gênés par les questions très précises qui leur étaient demandées, mieux éclairés sur leurs propres connaissances et sur leurs chances de succès, nombre de jeunes gens comprenant qu'ils ne pouvaient réussir au dehors s'orientaient vers une autre direction.

En procédant à cette œuvre de sélection, l'Association de Placement gratuit, restait fidèle au principe que nous avons développé

[1] Voir appendice.

précédemment : « Surveiller l'émigration et ne favoriser le départ que des éléments de premier choix, les seuls capables de défendre les intérêts moraux et économiques de la France. »

Il est un autre résultat que nous attendions de notre système d'enquête et de choix et qui malheureusement jusqu'à ce jour ne s'est pas manifesté de façon très évidente ; c'est l'affluence des offres d'emploi.

A faire ce choix, disions-nous, nous gagnerons la confiance des maisons où seront placés nos jeunes gens ; elles s'adresseront à nous si elles ont de nouveaux besoins ; et, comme un client satisfait en amène d'autres, le nombre des emplois qui nous seront offerts ira sans cesse croissant ; par ce système de sélection et cette préférence accordée à la qualité nous arriverons à placer la quantité ; la méthode inverse n'eût pas donné d'aussi bons résultats.

Il est bon que nous fassions connaître notre façon de procéder ; voici pourquoi : si nous parvenons à convaincre ceux qui ont des emplois vacants que notre plus grand désir est de les satisfaire entièrement, que notre préoccupation constante est de choisir parmi nos postulants celui qui est le plus apte à servir leurs intérêts ; si nous nous efforçons de placer comme disent les Anglais « The right man in the right place » toute circonspection se dissipera et c'est à nous qu'on viendra demander, dans quelque temps, même des hommes de confiance ».

Le fait ne s'est pas encore produit fréquemment, mais l'empressement qu'ont mis certaines maisons très sérieuses à offrir leurs places vacantes à nos postulants nous est un sûr garant que les témoignages de cette nature nous viendront en plus grand nombre quand l'Association sera mieux connue.

En attendant, nous nous sommes préoccupés de préparer nos jeunes compatriotes à la vie de l'Etranger et des Colonies. Si l'appui de l'Association est une faveur que nous réservons au mérite, notre plus grand désir est de voir croître chaque année le nombre de ceux qui sont dignes de cette intervention.

En nous fondant sur ce principe, nous avons été conduits à nous occuper de la préparation spéciale de nos candidats. C'est là, on ne saurait le dissimuler une tâche extrêmement importante à laquelle devraient se vouer des organisations particulières convenablement coordonnées. Grandes sociétés d'éducation populaire, sociétés de comptabilité, associations pour la propagation des langues étrangères, sociétés coloniales, etc., etc., poursuivent en partie ce but : Leurs efforts seraient certainement plus fructueux si elles consentaient à se grouper, à se fédérer, à élaborer un programme commun et à donner à leur enseignement l'unité qui lui fait défaut.

Nous nous contentons dans ce travail d'émettre une opinion qui nous paraît juste ; nous ne voulons entrer ni dans l'examen des conditions de la fédération éventuelle, ni dans les détails de l'élaboration d'un programme.

D'ailleurs, nous n'en avons aucun à proposer. Ce que nous avons fait à l'Association ne répond en rien à ce que nous désirerions voir établir ; aussi n'est ce pas pour donner des modèles que nous en parlons mais simplement à titre d'indication.

Frappés de l'ignorance générale des candidats sur la situation, le climat, les ressources de nos colonies, nous avons cru en découvrir la cause, dans l'insuffisance de l'enseignement colonial et du matériel colonial scolaire. N'ayant pas le droit de changer les programmes, nous nous sommes contentés de nous associer aux vœux émis dans les Congrès en faveur d'un enseignement colonial primaire. Pour ce qui est du matériel, nous nous sommes imposés la tâche de l'enrichir là où il existait, de le créer là où il n'existait pas. Nous avons entrepris une œuvre de vulgarisation coloniale par la fondation de musées scolaires coloniaux dans nos écoles de garçons et de filles. Une « Commission » spéciale a été fondée au sein de l'Association ; elle comprend des personnalités dont la compétence en la matière est indéniable : MM. Auricoste, Dybowski, P. Foncin, Ch. Lemire en sont les principaux membres. Cette Commission a reçu des demandes de 138 institutrices ou instituteurs français ; elle a déjà envoyé des collections dans 78 écoles. Le premier musée colonial scolaire que l'Association a fondé à Paris a été inauguré le dimanche 10 juillet 1904 sous la présidence d'honneur de M. le ministre des Colonies qui s'était fait représenter à cette cérémonie par son secrétaire particulier. Notre dessein en agissant sur de jeunes élèves est de faire aimer nos colonies et de donner, dès l'école primaire, les connaissances sommaires sans doute mais indispensables que chaque Français doit posséder.

Avec les adultes l'action se définit et se précise.

Conférences coloniales, enseignement des langues coloniales, cours de comptabilité, de sténographie, de dactylographie, etc., etc., sont faits par nos membres adhérents ou nos sociétés affiliées tant à Paris qu'en province.

Pour étendre à un plus grand nombre de compatriotes le bénéfice de cette action nous avons composé des brochures d'un caractère pratique sur le caractère et le but de l'Association, sur les musées coloniaux, sur la condition de l'employé de commerce dans nos diverses colonies ; nous préparons de même un manuel de l'employé de commerce à l'étranger.

Partant de ce principe que le meilleur moyen pour apprendre est de voir de ses propres yeux, nous favorisons les voyages hors des frontières ; nous organisons des caravanes qui vont visiter les Expositions universelles, les centres industriels, les grands ports de l'Étranger. En un mot, nous nous efforçons, à la faveur de voyages d'agrément faits en commun, d'abord, d'atténuer l'appréhension naturelle qu'on a à quitter son pays, et, ensuite, de fournir sur place les explications et renseignements utiles.

Dans les divers compartiments où s'est ainsi exercée l'activité de notre Association, nous avons souvent prêté notre aide à des groupements similaires ; et, non moins souvent, nous avons bénéficié de leur concours. Cette solidarité entre associations poursuivant parallèlement leur tâche nous a paru également avantageuse aux uns et aux autres. Nous croyons qu'elle est non seulement profitable mais nécessaire, non seulement nécessaire mais indispensable et urgente.

L'occasion de justifier cette assertion va nous être offerte dès que nous allons aborder l'organisation intérieure et extérieure du Placement.

Auparavant disons deux mots des offres d'emploi : Celles-ci sont généralement peu nombreuses ; parmi les causes de cette pénurie nous ne voulons relever que le manque d'information. De même que celui qui demande une place ne sait bien souvent à qui s'adresser, de même celui qui a dans sa maison un emploi vacant ne sait pas toujours à qui l'offrir. Ce n'est certes pas que les postulants ne viennent parfois le solliciter en très grand nombre, mais comme il n'a ni le temps, ni les moyens de les examiner successivement, il lui arrive de laisser le bon pour prendre le mauvais : d'où, déception, qu'une Association de Placement lui aurait sans doute évitée.

L'offre est souvent exigeante sur le chapitre des connaissances et du travail sans que les appointements attribués justifient cette prétention. Nous nous sommes crus autorisés, à plusieurs reprises, à en faire la remarque à des maisons ou familles de l'Étranger. Il nous est arrivé, en effet, de recevoir des offres à peu près ainsi conçues : « Nous désirerions une jeune fille française connaissant l'allemand et, si possible, l'anglais, bonne musicienne, et pouvant faire la couture. Elle devrait s'occuper de deux enfants et leur donner plusieurs heures de leçon par jour — Emploi au pair..... » Tout commentaire est inutile.

De même nous avons dû intervenir quelquefois auprès de patrons qui ayant fait, au moment de l'engagement, des conditions acceptables ont voulu, par la suite les modifier, sans modifier les gages. Nous nous sommes fait en cette circonstance une obligation de défendre la personne placée, comme nous serions intervenus en faveur du patron si un employé peu consciencieux n'avait pas tenu sa promesse. Les cas que nous venons de citer sont d'ailleurs l'exception ; et plus les enquêtes sur les offres et les demandes seront faites sérieusement, moins les surprises et les déceptions de ce genre seront à redouter. L'employeur comme l'employé ont un égal intérêt s'ils sont honnêtes à ne rien cacher à l'Association qui leur sert d'intermédiaire bénévole. Par suite ils s'adresseront à elle avec le même empressement et la même confiance, quand ils seront pleinement convaincus de son caractère indépendant et désintéressé.

Il résulte des lignes qui précèdent que le Placement gratuit à l'Etranger et aux Colonies ne serait pas une œuvre plus malaisée que d'autres, s'il n'exigeait une organisation compliquée et... difficilement réalisable avec des ressources insuffisantes. Pour qu'une Association française de Placement gratuit puisse rendre de réels services, il faut qu'elle soit représentée partout et fortement centralisée. Ses Comités de France auront pour but de faire une propagande incessante en vue de lui procurer la puissance matérielle et l'autorité morale qui lui sont l'une et l'autre nécessaires ; ils s'occuperont en outre d'instruire les demandes d'emploi qui se produisent dans leurs régions respectives. Les Comités locaux de l'Etranger et des Colonies prendront de même tous renseignements désirables sur les offres d'emploi. Ils s'attacheront surtout à découvrir les places vacantes pour les communiquer aussitôt au Comité central. Celui-ci est l'intermédiaire entre l'offre et la demande ; il est le trait d'union entre les Comités locaux de France et ceux de l'Etranger ; il est le nœud vital de l'organisation tout entière. Il exige de ses membres la compétence et le dévouement ; l'initiative qui crée, la persévérance qui développe, l'activité qui fait vivre et prospérer leur sont également indispensables.

Pourtant toutes ces qualités resteront stériles si l'organisation extérieure est défectueuse.

C'est dans cette dernière que se trouve la clé du problème. Nulle Association de Placement ne pourra donner des résultats effectifs suffisants si elle n'est pas sérieusement organisée au dehors. Il faut qu'elle s'étende sur les villes et les ports de l'Étranger comme un réseau à mailles serrées. Je me la représente comme une immense toile d'araignée dont tous les fils convergent vers le centre qui doit percevoir instantanément les mouvements produits dans les parties même les plus éloignées. Il faut, en un mot, que toute vacance d'emploi en quelque lieu qu'elle survienne soit immédiatement communiquée au siège central pour qu'il s'occupe d'y placer aussitôt un de ses postulants. Voilà le principe de cette vaste organisation que nous serions heureux de voir créer. Autant elle est simple à concevoir autant elle difficile à réaliser. Avant même que la société ne fût créée nous nous représentions cette organisation comme la partie la plus indispensable de l'œuvre de Placement, comme la pierre d'achoppement de nos efforts. Depuis cinq ans déjà nous cherchons à atteindre ce but sans que le succès soit venu couronner l'une quelconque des tentatives nombreuses faites par l'Association. Heureusement notre conviction est trop forte pour être entamée par les insuccès ou les déceptions. Ce que l'Allemagne a fait, la France doit s'efforcer de le réaliser. Il y a outre-Rhin une « Société hambourgeoise » qui rayonne dans tous les pays du monde, nous devons avoir une Société française qui l'égale en puissance, en activité et en dévouement.

Ce résultat n'est pas impossible à atteindre ; ce n'est ni l'activité ni le dévouement qui font défaut dans notre pays : les initiatives y sont au contraire nombreuses ; le dévouement, plus grand que partout ailleurs. Ce qui nous manque, c'est l'entente : sachons nous unir, sachons mettre au-dessus de toutes les considérations particulières l'intérêt supérieur de notre pays, et nos efforts coordonnés ne tarderont pas à porter leurs fruits. C'est pourquoi, je me permets, au nom de l'Association de Placement gratuit de Français à l'Étranger et aux Colonies, de soumettre au Congrès un vœu relatif à la formation d'une Fédération des œuvres d'action française au dehors.

Il me reste, en terminant ce long rapport, à m'excuser de l'avoir écrit avec mon cœur plus qu'avec mon esprit et par suite d'y avoir introduit plus de conviction sincère que de compétence technique. Si malgré cela je me suis acquitté consciencieusement de la tâche, un peu lourde, dont m'avait honoré la confiance de mes collègues et si les pages qui précèdent peuvent être utiles à quelques-uns de mes compatriotes, je me croirai amplement dédommagé de mes peines.

Ch. POUJOL.

Paris, 23 mai 1905.

DÉVELOPPEMENT ET JUSTIFICATION DU VŒU ÉMIS

Par « l'Association pour favoriser le Placement gratuit de Français à l'Étranger et aux Colonies », et relatif à l'organisation d'une « Fédération nationale des œuvres d'action française au-dehors ».

MESSIEURS,

Par « Fédération nationale des œuvres d'action française au dehors » nous entendons le rapprochement dans un but d'aide mutuelle et d'intérêt commun de toutes les sociétés qui travaillent au développement de l'influence française à l'étranger et aux colonies.

Toutes ces sociétés commerciales, maritimes ou coloniales, toutes ces œuvres d'enseignement, de placement, de protection ont commis jusqu'à ce jour la grave erreur d'agir isolément et de se dépenser, chacune de son côté, en efforts très louables, sans doute, mais souvent improductifs.

Désireuses avant tout de conserver leur indépendance, elles ont évité avec soin toute combinaison où leur personnalité aurait pu disparaître ou du moins être éclipsée. Elles ont suivi côte à côte la même route sans songer à se prêter mutuellement assistance, vivant non comme des parentes ou des amies qui se fréquentent et s'entraident, mais comme des étrangères ou des indifférentes qui s'observent sans bienveillance ; parfois même comme des rivales qui se surveillent, se jalousent ou se détestent.

C'est là une bien mauvaise tactique qui résulte d'une conception trop étroite de leur rôle social.

Les bonnes volontés individuelles et les initiatives particulières, quelque précieuses qu'elles soient, restent impuissantes si elles agissent séparément ; il en est de même des sociétés : celles-ci doivent se connaître et s'entendre, solidariser leur existence et coordonner leurs actions dans la lutte qu'elles soutiennent en commun. Elles ne sont pas ; elles ne peuvent pas être entièrement indépendantes les unes des autres ; des liens plus ou moins nombreux et plus ou moins étroits les unissent. Qu'elles le veuillent ou non, la similitude de but, de caractère, de moyens d'action établit entre elles une ressemblance, un air de parenté indéniable. Par suite le désir de rapprochement que plusieurs ont manifesté n'est pas un sentiment artificiel et factice, mais, au contraire une impulsion toute naturelle.

Une société, quelle qu'elle soit, ne peut se fonder dans l'unique dessein d'être, d'exister, de réaliser un mode d'activité original et distinct ; elle s'organise en vue d'une action à produire, d'une tâche à accomplir. Elle est une force nouvelle qui vient s'ajouter aux forces déjà existantes et elle ne constitue véritablement un progrès que si elle agit de concert avec ces dernières. Si elle a l'obligation individuelle de travailler pour vivre, elle a l'obligation beaucoup plus importante de joindre ses efforts à ceux de la collectivité.

Quelques progrès qu'elle réalise dans l'œuvre particulière qu'elle a entreprise, son effet restera limité à son propre domaine si elle ne travaille que pour elle ; les résultats de son activité seront au contraire extrêmement étendus si elle participe aux travaux de ses voisines et contribue à leurs progrès.

S'il est un ordre de faits où cette coopération des idées et cette coordination des forces soit nécessaire et urgente c'est bien assurément dans l'œuvre d'action française que nous poursuivons en commun. La solidarité ne se présente pas à nous comme une obligation facultative, mais comme un devoir impérieux et pressant. Ce n'est pas seulement l'intérêt respectif de nos œuvres qui est en jeu, mais le triomphe de nos idées et la prospérité de notre pays.

Les petites sociétés locales rendent des services, cela est incontestable ; elles représentent des sommes énormes d'efforts, de persévérance et de dévouement. C'est là un capital moral qu'il serait criminel de vouloir anéantir.

Mais il faut bien convenir que la somme des résultats qu'elles ont obtenue jusqu'à ce jour n'a pas été suffisante pour améliorer la situation économique du pays. Nous avons tous conscience d'avoir accompli notre devoir dans la sphère modeste où s'est bornée notre activité; nous avons tous plus ou moins rencontré les mêmes difficultés à vaincre, les mêmes obstacles à surmonter, probablement aussi les mêmes déceptions.

Mais là n'est pas la question. Celle-ci réside tout entière dans la comparaison de l'effort particulier que nous pouvons raisonnablement produire avec le résultat général auquel nous devrions arriver. Ce que nous pouvons faire et ce qu'il faudrait faire : Voilà les deux termes qui nous sont donnés. Y a-t-il égalité entre eux ?

Je ne le crois pas, et, quelque pénible que soient les aveux d'impuissance, chaque société devra convenir qu'elle n'a pas les moyens de réaliser l'organisation mondiale qui seule peut modifier l'avenir économique du pays.

Quelle est donc la conclusion qui s'impose ? C'est l'entente et la collaboration. Groupons-nous pour étudier en commun les moyens d'action les plus rationnels et les plus efficaces, élaborons un plan de campagne où chacun prendra position suivant son expérience ou ses aptitudes, et puis livrons bataille avec ardeur et confiance : nos efforts ainsi combinés produiront leur maximum d'effet.

Quelle que soit d'ailleurs l'importance, la nécessité, l'urgence d'une « Fédération nationale des œuvres d'action française au-dehors » il ne saurait être question de porter atteinte à l'existence ou à l'autonomie de l'une quelconque d'entre elles.

Le rapprochement que nous souhaitons n'a d'autre but que de permettre aux sociétés de se connaitre les unes les autres afin de s'entraider mutuellement et de s'unir en vue d'une action commune quand les circonstances l'exigeront. Mettre en contact les forces vives des diverses associations pour l'étude des questions générales qui les intéressent ; faire profiter chaque groupement de l'expérience et de la puissance collectives ; poursuivre de concert la réalisation des vœux d'intérêt commun ; assurer par l'union des volontés et la simultanéité des efforts le succès des tentatives ; voilà, en termes un peu vagues peut-être, le but et le programme de la Fédération.

Que chaque groupement consente à superposer à son budget propre un budget fédéral et les ressources de la Fédération seront assurées.

Que l'une de nos riches sociétés parisiennes lui offre une salle à son Siège social et dans quelques jours la Fédération pourra se mettre à l'œuvre.

Il n'y a, me semble-t-il, aucune impossibilité matérielle à cela.

Examinons maintenant quelle pourrait être sa composition. Comme son titre l'indique, elle est susceptible de réunir toutes les « œuvres d'action française au-dehors », c'est-à-dire toutes les sociétés qui travaillent à défendre et à développer nos intérêts extérieurs aussi bien dans le domaine économique que dans le domaine intellectuel et moral.

Ces sociétés sont extrêmement nombreuses ; elles présentent en outre une très grande variété. Peut-être n'est-il pas impossible, cependant, de les classer, pour la plupart, dans l'une des trois rubriques suivantes :

I. Sociétés d'éducation et d'enseignement.

II. Sociétés de placement et d'émigration.

III. Sociétés de défense et de perfectionnement.

Dans la première catégorie trouveraient place tout naturellement les sociétés d'enseignement technique, de comptabilité, de sténographie, de langues étrangères et coloniales, de vulgarisation par les musées coloniaux, de voyages hors de France, etc.

La deuxième comprendrait outre les œuvres de placement proprement dites, (qui sont en petit nombre), les sections des Amicales d'anciens élèves qui s'occupent du Placement de leurs membres, les Sociétés d'émigration des femmes, les Socié'és d'échange international des enfants et jeunes gens, etc.

Enfin le dernier groupe renfermerait les Associations pour la propagation de la langue française et l'expansion des idées françaises à l'étranger, les ligues maritimes et coloniales, les Comités pour la défense des intérêts nationaux, pour le développement du commerce d'exportation, etc., etc.

Ce rapprochement d'œuvres si diverses peut sembler arbitraire ; il ne l'est qu'en apparence; et le groupement général qui en résulte est moins hétérogène qu'il n'en a l'air. Outre l'esprit français qui les anime toutes, un lien de solidarité les unit : les premières (œuvres d'éducation et d'enseignement) préparent des éléments, que les deuxièmes (œuvres de placement et d'émigration) répartissent ; et que les troisièmes (œuvres de défense et de perfectionnement) utilisent.

Au surplus, si la classification indiquée ne semblait pas suffisamment justifiée, il n'y aurait qu'à la remplacer par toute autre ayant un fondement plus rationnel. C'est là une question d'ordre secondaire. Ce qui est .ollement important : c'est l'approbation du principe de la Fédération.

C'est pourquoi nous avons l'honneur de soumettre à votre approbation le vœu suivant :

« L'Association pour favoriser le Placement gratuit émet le vœu qu'il soit organisé en France une Fédération nationale des œuvres d'action française au-dehors [1].

---

[1] Après une intéressante discussion à laquelle prennent part tous les délégués présents, le Président du Groupe VII, M. Thierry, député des Bouches-du-Rhône, met la proposition aux voix. Elle est adoptée à l'unanimité. En conséquence, les délégués des sociétés intéressées seront prochainement convoqués en vue d'élaborer la composition, le but et le programme de la future Fédération.

APPENDICE

FICHE INDIVIDUELLE DE RENSEIGNEMENTS
envoyée à toute personne qui adresse une demande d'emploi à l'Association

I. Demande [1], [2], [3].

Emploi sollicité

Dans quel pays désirez-vous aller

II. Renseignements.

A) *Etat-civil* — Nom et prénoms

Domicile

Age (au dernier anniversaire)

Né à .... département .... le

Situation militaire { sera appelé sous les drapeaux en
libérable en
libéré en (mois et année)

Marié ou célibataire

Si marié, nombre des enfants et âges

Si célibataire, demeurez-vous chez vos parents ?

B) *Diplômes* universitaires

Autres diplômes

C) Situations successives occupées par le postulant

NOM de L'EMPLOYEUR	ADRESSE	GENRE { d'occupation de commerce d'industrie } DE L'EM-PLOYEUR	EMPLOI OCCUPÉ	DURÉE (Nombre d'an-nées, de mois) Dates si possible	MOTIFS DU DÉPART

[1] Lire attentivement avant de remplir la présente fiche.
[2] Bien préciser ce qu'on désire. (A l'Etranger et aux Colonies on demande des spécialistes).
[3] Ecrire très lisiblement.

D) Autres références

Connaissez-vous la sténographie? .... Quelle méthode

Vitesse (Combien de mots à la minute)?

Pouvez-vous sténographier dans une langue étrangère?　　laquelle .... vitesse

Connaissez-vous la machine à écrire? ..... laquelle ..... vitesse

Connaissez-vous la comptabilité 〔 1° En partie simple ....
(indiquer jusqu'à quel point) 〔 2° En partie double
　　　　　　　　　　　　　　〔 3°

Langues étrangères ou coloniales connues ....

Indiquer jusqu'à quel point, traduction avec ou sans dictionnaire ....

Lecture — Correspondance — Conversation, etc. ....

E) Connaissances coloniales

Hygiène des pays chauds ....

Géographie physique et économique de la colonie choisie ....

Cultures coloniales

Etc.

Indiquez ci-dessous l'expérience ou les connaissances particulières que vous avez en dehors de celles énumérées plus haut ....

F) Renseignements divers

Êtes-vous sans emploi? ....

Êtes-vous libre d'engagement? ....

Quels appointements avez-vous ou aviez-vous? ....

Appointements sollicités ....

Minimum que vous accepteriez ....

Accepteriez-vous un autre emploi? ....

Lequel ou lesquels ....

Accepteriez-vous un emploi dans un autre pays? ....

Dans lequel ou lesquels ....

Renseignements complémentaires que le postulant jugera utile de faire connaître ....

Signature du postulat,

N. B. — Les postulants ont tout intérêt à remplir la présente feuille avec la plus grande attention et à y consigner les renseignements qu'ils jugeront de nature à faciliter leur placement. — Faute de se conformer à cette prescription, ils s'exposent à ce que leurs fiches restent longtemps dans leurs dossiers. Retourner toutes les fiches envoyées.

PARIS ET CAHORS, IMPRIMERIE A. COUESLANT. — 7681.

EXTRAIT DES STATUTS

EXTRAIT DES STATUTS

ARTICLE PREMIER. — L'Association pour favoriser le placement gratuit de Français à l'Étranger et aux Colonies, a pour but de donner aux jeunes gens qui désirent trouver une situation ou s'établir hors de France, toutes les indications utiles.

ART. 2. — L'Association comprend :

Des Membres d'honneur ;

Des Membres bienfaiteurs ;

Des Membres donateurs ;

Des Membres et groupements adhérents ;

Des Membres participants ;

Des Membres correspondants.

(Sont groupements adhérents, les sociétés qui versent une cotisation annuelle de 1 centime par membre (minimum 5 fr.)

ART 3. — Les *Membres d'honneur* forment le Comité de patronage. Ils sont agréés par le Bureau.

Le titre de *Membre bienfaiteur* est acquis à toute personne qui aura effectué un versement minimum de cent francs et celui de *Membre donateur* à toute personne qui aura effectué un versement minimum de vingt francs.

Pour être nommé *Membre adhérent*, il suffit d'être présenté par deux autres membres et d'être agréé par le Bureau. Les membres adhérents versent une cotisation annuelle de 2 francs.

Les membres des *Groupements adhérents* sont les *Membres participants* de l'Association.

Les *Membres correspondants* de l'Association sont les Représentants de la France à l'Étranger, les chambres de commerce, les industriels, commerçants, professeurs, et, en général, toute personne désireuse de faire appel aux bons offices de l'Association.

Il est délivré aux membres de l'Association une carte qui leur permet d'assister gratuitement aux soirées et aux conférences organisées par l'Association.

PUBLICATIONS

DE

l'Association pour favoriser le placement gratuit de Français à l'Etranger et aux Colonies

1º **Annuaire illustré de l'Association** (1904). Prix
0 fr. 50 ; franco.. 0 fr 65

2º **Compte rendu de l'Assemblée générale, 1905.**
Prix 0 fr. 30 ; franco....................................... 0 fr. 35

3º **Manuel de l'employé de commerce aux Colo-
nies**, par Aug. Bessé. Prix 2 fr. ; franco............ 2 fr. 25

4º **Notice sur les musées scolaires coloniaux**, par
Ch. Lemire. Prix 0 fr. 30 ; franco................... 0 fr. 35

5º **Quelques jours en Amérique et à l'Exposition
de Saint-Louis.** Avec un appendice sur le Placement français en Amérique, par Ch. Poujol. Prix
1 fr. ; franco... 1 fr. 15

6º **Etude sur le Placement des Français à l'Etranger et aux Colonies,** par Ch. Poujol. Prix 1 fr. ;
franco.. 1 fr. 15

EN PRÉPARATION :

7º **Ce que peut faire un Français en Allemagne.**

8º **En Angleterre.**

CAHORS, IMPRIMERIE TYPOGRAPHIQUE A. COUESLANT. — 7342